MANUAL DE GENTILEZAS DO EXECUTIVO

COMO PEQUENOS GESTOS CONSTROEM GRANDES EMPRESAS

PRIMAVERA
EDITORIAL

MANUAL DE GENTILEZAS DO EXECUTIVO

COMO PEQUENOS GESTOS CONSTROEM GRANDES EMPRESAS

STEVE HARRISON

PRIMAVERA
EDITORIAL

Titulo original
The manager´s book of decencies
2007© Adecco Management and Consulting S.A.

Gerência editoral
Lourdes Magalhães

Coordenação editorial
Tânia Lins

Tradução
Antônio J. de F. Soares de Azevedo

Edição texto
Véra Regina Maselli
Paulo P. Sanchez

Projeto gráfico de miolo e capa
Carlos A. Andreotti

Diagramação
LCT Tecnologia

Dados Internacionais de Catalogação na Publicação (CIP)
(Câmara Brasileira do Livro, SP, Brasil)

Harrison, Stephe D.

Manual de gentileza dos executivos: como pequenos gestos constroem grandes empresas / Steve Harrison ; [tradução Antônio J. de F. Soares de Azevedo]. -- 1. ed. -- São Paulo: Primavera Editorial, 2008.

Título original: The manager`s book of decencies
ISBN 978-85-61977-02-3

1. Comunicação na administração 2. Cultura organizacional 3. Empresas - Imagem
4. Executivos 5. Gentileza I. Título.

08-10212 CDD-658.001

Índice para catálogo sistemático:
1. Cultura organizacional : Administração de empresas 658.001

1ª edição: 2008; 2ª tiragem: 2009

Pri Primavera Editorial Ltda.
Rua Ferreira de Araújo, 202 - 8º andar
fone: 55 11 3034-3925
www.primaveraeditorial.com.br
contato@primaveraeditorial.com.br
05428-000 – São Paulo - SP

Este livro é dedicado à memória do meu pai, Dr. Albert P. Harrison.

"Onde não há homens, seja um."

Sumário

Prefácio

A cultura corporativa é o coração e a alma de qualquer corporação ou organização. A cultura de uma empresa é um elemento essencial para o seu sucesso. Oferecer cortesias simples e comuns e demonstrar respeito pelos outros não apenas geram lealdade, mas também um senso de autodeterminação que agrega valor em qualquer organização.

O subtítulo deste livro – *Como Pequenos Gestos Constroem Grandes Empresas* – exemplifica como administramos nossos negócios durante os últimos 40 anos. Seja começando com minha primeira empresa de viagens no início dos anos 1960, no Comitê Organizador dos Jogos Olímpicos de Los Angeles, ou como delegado da Major League Baseball, o caminho comum das organizações para as quais trabalhei é uma cultura positiva de negócios. A maneira como tratamos uns aos outros, nossos clientes, investidores, fornecedores e parceiros é que mantém qualquer negócio ou grupo.

Quando penso nos líderes que conheci, aqueles que tiveram maior impacto sobre a maneira como conduzo os negócios, percebo que todos praticaram pequenas gentilezas em todas as oportunidades. Kirk Kerkorian, um líder que admiro de muitas maneiras, deu-me a primeira oportunidade quando eu tinha 22 anos, contratando-me para ajudá-lo a gerenciar a Trans International Airlines. Kerkorian é um mestre no "papo de dois minutos", descrito no *Manual de Gentilezas do Executivo*. Essa é a gentileza que reconhece que as pessoas mais invisíveis na organização são tão significativas quanto qualquer outra. Eu nunca vi Kirk ignorar uma recepcionista nem receber as chaves do carro das mãos de um manobrista sem gastar um minuto para conversar e conhecer essa pessoa. Quando Kirk pergunta a alguém "Como vai você?", ele realmente quer saber! Ele é honesto o suficiente para realmente ouvir a resposta.

Gentilezas são um hábito que começa cedo na vida, e elas devem, instintivamente, ser corretas para nós. Aqui vai um exemplo de uma pequena gentileza que eu recomendo. No dia em que uma pessoa começa a trabalhar na nossa organização, nós mandamos flores e um cartão para a mulher ou o marido dessa pessoa. No cartão reconhecemos que o novo colaborador ou a nova colaboradora começou uma nova jornada em nossa empresa e que vemos que sua companheira ou seu companheiro também é importante para nossa equipe.

Este livro mostra dezenas de ideias para pequenas gentilezas. Especialmente importantes são aquelas que giram em torno da questão de colaboradores demissionários. Perda do emprego, redução de pessoal e demissões são tristes realidades do ambiente de negócios. Como tratamos as pessoas afetadas e como ajudamos a preservar sua dignidade e o respeito próprio são essenciais para elas como seres humanos.

Neste livro, é evidente que Steve Harrison é veemente no que diz respeito a ajudar pessoas a redirecionarem suas vidas quando sua situação no trabalho muda. Não há pessoas suficientes que se concentrem nas necessidades dos indivíduos que são vítimas de reestruturação e redução de pessoal. O cartão de visitas de Steve pode até identificá-lo como fundador de uma das maiores firmas de colocação de profissionais do mundo, mas ele realmente está no negócio de transferência de poder. Steve e seus colegas sabem que um pouco de instrução, um pouco de treinamento e uma nova perspectiva podem transformar elementos negativos em elementos positivos que podem levar a novas carreiras atraentes.

Este livro não é sobre negócios no sentido da transferência de bens e serviços, mas sobre o negócio de pessoas, o negócio da ética e o negócio da cultura empresarial. Aqui são descritas culturas corporativas que inspiram um sentido de determinação e potencializam seres humanos para que façam o seu melhor em qualquer ambiente de negócios.

Os conceitos apresentados neste livro podem ser recursos úteis para desenvolver um tipo de cultura que dê apoio a um negócio ou organização. As ideias ajudam a atender a necessidade crescente das grandes organizações em todos os níveis gerenciais.

Peter V. Ueberroth

Presidente, Contrarian Group

Newport Beach, Califórnia

Agradecimentos

Todos os autores, mesmo os mais prolíficos, passam pela experiência do "primeiro livro". A minha agora está completa. *O Manual de Gentilezas do Executivo*, mais que uma experiência, foi uma jornada inesquecível. Posso não ter aprendido muito, mas se aprendi alguma coisa é que para escrever um livro, assim como para criar filhos, é necessário ter uma equipe, como se fosse uma aldeia. No meu caso, essa aldeia é habitada por muitas pessoas que se importaram comigo, me motivaram e me inspiraram. Sou grato a todos, cuja generosa gentileza me ajudou a passar pelos altos-e-baixos e pelo desafio contínuo de ligar os pontos, quando eu via pouquíssimas ligações e muitos pontos.

Como tudo, este livro não poderia ter sido escrito sem o amor e o apoio da minha família. Os agradecimentos vão para minha mulher, Shirley, o amor da minha vida, por sua resoluta confiança. Agradeço a minhas filhas, Amy e Leslie, e seus maridos, Abs e Jonathan. Agradeço também a meu filho, Mark. E não quero esquecer meus netos, Chloe e Jacob. Todos vocês têm a minha mais profunda gratidão por tudo o que passamos juntos.

Estou em débito com muitas pessoas que colocaram este livro no caminho correto. Entre elas está meu consultor literário, John Kador, que me ensinou a diferença entre escrever e escrever um livro. Agradeço a Katherine Armstrong, nossa editora de conteúdo, que, satisfeita, disse: "Não tão rápido!" depois que descansamos nossas canetas.

Na McGraw-Hill, agradeço a Mary Glenn, que acredita na gentileza como um fator fundamental de sucesso comercial.

Também agradeço a Bob Lee, autor, professor e fundador da Lee Hecht Harrison, cujo conhecimento de teoria da liderança e cultura corporativa ajudou a abrir o caminho; e a Orville Pierson, meu colega profissional na LHH, que insistiu comigo com seu "Simplesmente faça!".

Também devo agradecer a Lynn Erickson, minha colega e coordenadora de pesquisa e retórica, por sua desenvoltura.

Muitos outros contribuíram com gentilezas para este livro ou o leram em suas muitas versões. Agradeço a Amy Lyman, cofundadora do Great

Place to Work® Institute, por sua generosa contribuição de tempo, entusiasmo, recursos e comprometimento com a excelência em cultura corporativa. Agradeço a Jim Kouzes, o famoso autor e consultor de liderança, por seu aconselhamento sobre a liderança indispensável à cultura corporativa. Minha gratidão se estende a Theresa Welbourne, Presidente da eePulse, uma das notáveis pesquisadoras e líderes de opinião do país sobre comprometimento e retenção de colaboradores. Um profundo agradecimento ao especialista em ética Jim Lukaszewski e ao advogado de conformidade Joe Murphy, ambos inteligentes e experientes a respeito da nova revolução da ética e conformidade; ao autor e consultor David Noer, que lembrou a muitos de nós sobre o preço a ser pago pela não-liderança; e a John Knapp, diretor do Southern Institute for Business & Professional Ethics, por ajudar a desmistificar as complexidades da ética e da governança corporativa.

Elaborar este livro não teria sido possível sem o apoio da liderança da Adecco e da Lee Hecht Harrison, que me proporcionaram o tempo e os recursos para a realização do *Manual de Gentilezas do Executivo*.

Steve Harrison

Introdução

Não acho que eu escolhi o assunto para este livro. Acho que foi ele quem me escolheu.

Tive a sorte de conhecer gentilezas em várias manifestações. Meu pai era psiquiatra e minha mulher é psicóloga. Ambos dedicaram-se a ajudar pessoas a viverem uma vida com a qual se sintam bem. Quando criança, escondido no topo da escada eu observava meu pai cumprimentar médicos residentes em nossa casa. Se eu fosse pego na escada, seria imediatamente colocado para fora. Foi assim que aprendi sobre confidencialidade e respeito pela santidade da relação médico e paciente. O trabalho de meu pai era ouvir – talvez a gentileza mais suprema de todas. Ele atendia pacientes nos mais variados estágios de doença e ajudava os residentes a pensarem sobre todos os aspectos do cuidado com o paciente.

Meu quarto de século no gerenciamento de carreiras e setor de colocação de profissionais – ou, como gosto de dizer, negócio de "transferência de poder" – serviu apenas para aumentar minha compreensão do poder das gentilezas.

A perda do emprego, notoriamente um dos grandes estresses na vida, pode devastar até mesmo os mais fortes entre nós. A perda do emprego pode estraçalhar o senso de confiança mais seguro e a mais estável das vidas. Eu vi esse desespero da perda do emprego em primeira mão. Em muitas maneiras, a colocação eficiente de profissionais é um negócio de gentileza. Nosso papel não é apenas o de fornecer força e estratégias de sobrevivência de carreiras, mas também o de criar um ambiente capacitado no qual aqueles que estejam precisando possam vivenciar apoio, compreensão e gentileza profissional nos seus momentos mais desfavoráveis.

Quando fui solicitado, em 2004, a aceitar o papel de primeiro executivo de conformidade corporativa para a nossa matriz, Adecco, eu o fiz com reservas iniciais. Eu não queria me desligar da Lee Hecht Harrison, empresa que eu havia ajudado a construir e, depois, a fundir com a suíça Adecco. No começo fiquei esmagado pela curva de aprendizado do meu novo emprego. Mas aquela foi uma das melhores decisões da minha vida.

Eu não apenas criei uma função vital e duradoura para a empresa, como também me reuni com centenas de colaboradores e ajudei a esclarecer muitas questões para eles. Escutei suas reações, que tanto evoluíram no ambiente pós-Enron, como também as suas próprias experiências. Aprendi que a maioria estava, de alguma maneira, consciente da Lei Sarbanes-Oxley. Mas descobri que a cultura da empresa era sempre a sua prioridade. Em uma dessas reuniões, Lenny Agrillo, um antigo membro do pessoal de manutenção patrimonial da Adecco North America, foi especialmente eloquente. Ele disse: "Steve, essa coisa de conformidade legal está voando sobre nós a 10 mil metros de altura. Será que os reguladores não entendem que o que acontece de verdade está aqui embaixo, onde todos nós precisamos nos sentir bem para vir trabalhar?".

O comentário de Lenny ressoou particularmente alto quando percebi que os reguladores, especialmente os comissários federais legais, aprenderam algumas lições com a Enron e a Sarbanes-Oxley. Durante as audiências que eles conduziram em 2004, os comissários ficaram sabendo que a mão pesada da lei não produzira a redução prevista de incidentes relatados de fraude e grave má conduta entre empresas públicas. Eles aprenderam que havia uma crescente opinião de que o golpe derradeiro não atingira apenas novas e reforçadas leis de conformidade, mas também culturas corporativas reforçadas. Os reguladores pediram que as empresas "promovessem uma cultura organizacional que encorajasse uma conduta ética". Mas ainda preciso descobrir, especificamente, o que eles queriam dizer com essas palavras.

As novas leis de conformidade realmente afetaram as empresas, mas provavelmente não da maneira que seus criadores desejavam. As corporações públicas contra-atacaram alegando altos custos financeiros e o peso administrativo da conformidade. Na medida em que as normas aumentavam o ônus sobre os diretores, as companhias achavam difícil preencher cadeiras vazias nas diretorias com pessoas qualificadas dispostas a correr o risco de ficarem presas pelos padrões emergentes. As empresas no mundo todo questionavam se o fato de estarem listadas em mercados públicos valia o risco sob essas circunstâncias.

Posso imaginar Lenny dizendo: “Vocês estão olhando pela ponta errada do telescópio. O demônio está nos detalhes”.

Então, vamos pegar o conselho de Lenny e desobstruir a lente de aumento.

Este livro fala dos detalhes. Os detalhes, neste caso, consistem nas centenas — talvez milhares — de gestos de gentileza oferecidos por pessoas que não têm expectativa de recompensa. Neste livro, apresento exemplos de gentilezas que vieram de colaboradores e executivos reais em empresas de verdade. Estes, algumas vezes, heróis não cantados, apresentaram gestos criativos, naturais e honestos que serviram para definir mais precisa e ativamente a cultura ética.

Para o gerenciamento corporativo, as gentilezas dão significado e textura às onipresentes declarações de valores penduradas nas paredes dos escritórios. Para os reguladores e autoridades governantes, as gentilezas podem oferecer uma via rápida para a antes não-respondida pergunta: “Com o que, especificamente, uma cultura ética se parece?” Para Lenny e seus parceiros mundo afora, as gentilezas tornam a conversa sobre ética corporativa mais palpável. Para mim, as gentilezas são uma maneira de tornar o frequentemente teórico diálogo sobre liderança, integridade e ética menos evasivo e teórico e mais tangível e realista.

Seria fácil para nós na comunidade corporativa nos escondermos atrás da imprecisão do termo cultura ética, como se estivéssemos esperando pelo surgimento da próxima tendência. A melhor oportunidade é agarrar a importância reconhecida da cultura corporativa e usá-la a serviço de nossas organizações. Sou um executivo que não deixará a conversa da cultura ética tornar-se um folheto de propaganda.

Dadas as manchetes de hoje, é fácil ser um pessimista com relação às nossas instituições de trabalho. “Se você continua a dizer que as coisas vão piorar, você tem uma boa chance de tornar-se um profeta”, observou Isaac Bashevis Singer. Talvez... Mas não estou interessado em profetas que predizem desespero. Sem esperança, não há mudança. Este é o momento para uma cultura de gentilezas, otimismo e esperança. Como líderes, temos de convocar nossa determinação e mobilizar todos os nossos recursos para lutar contra as forças do desespero e do pessimismo.

Este livro é apenas o começo. Ele foi elaborado com o objetivo de clarear as ideias e servir de estímulo para outras ações. Espero que ele contribua para um diálogo que acelere o processo de enriquecimento das culturas trabalhistas. Os seus próprios exemplos de gentilezas que viveu na vida corporativa, caro leitor, podem ser uma força multiplicadora, uma vez que, juntos, tentamos tornar cada empresa um reflexo de nossos melhores instintos e de nossas mais altas aspirações. Alcançar o melhor que podemos é o desafio que temos de encarar. Juntos, uma gentileza por vez, poderemos construir culturas corporativas importantes que aproveitem nossas energias para beneficiar o mundo cada vez menor em que vivemos.

PARTE 1

Pequenas mudanças, grandes resultados

Pequenas gentilezas são gestos individuais que ajudam a definir o ambiente maior e, assim, tornam-se os pilares de uma cultura ética. Admitia-se que abordagens reguladoras para tornar corporações mais obedientes à lei e à ética restaurassem a confiança dos investidores por meio de maior transparência, aumento de responsabilidade final e governança melhorada. Porém, as evidências mostram que consequências involuntárias são respostas desajeitadas de empresas reagindo a normas autoritárias. Tudo isso nos leva a modelos administrativos de comando e controle desacreditados. As normas, sozinhas, não conseguem mover uma agulha para criar companhias bem-comportadas. Uma liderança eficaz, apoiada por uma cultura de gentilezas, consegue. Nesta Parte 1 ofereço uma definição trabalhista de gentilezas comerciais e o papel da liderança na criação das culturas éticas que a norma, sozinha, não consegue.

1

Somos executivos, mas, antes de tudo, somos pessoas

Tenha fé nas coisas pequenas, porque é nelas que está a sua força.

MADRE TERESA

Este é um livro sobre liderança em ação. Pequenas ações, para ser mais específico. Esses gestos, ou gentilezas, já estão ao seu alcance. As pessoas em todas as organizações têm acesso a um número ilimitado delas. As gentilezas geralmente não exigem permissão nem orçamento. O que elas exigem é ação.

Acredito que a cultura de uma empresa pode ser moldada – e para melhor – por meio do poder crescente de pequenas ações. Mas, no fundo, este livro fala a respeito da maneira como nós, na posição de liderança, escolhemos nos comportar – as ações que abraçamos – todos os dias, especialmente durante os momentos silenciosos, quando pensamos que ninguém está nos observando. Então, para começar, não iniciamos com teoria, mas com a história de um ato de gentileza simples, que me pegou de surpresa, mudou a maneira como eu me relacionava com meus colegas, e alterou, embora pouco, a cultura da minha empresa para melhor.

Essa empresa é a Lee Hecht Harrison, uma empresa de gerenciamento de carreiras localizada em Nova Jersey, especializada principalmente em colocação de profissionais — o processo de ajudar empresas e seus colaboradores a negociar os efeitos da perda de emprego. Há alguns anos, com a empresa crescendo rapidamente, era o momento correto para indicar um novo superintendente de operações. Eu queria que Ray, um diplomado de West Point com MBA e recém-aposentado do exército dos EUA com a patente de general de brigada, conhecesse nossa empresa.

Assim, marcamos uma visita, começando por várias filiais no nordeste. Lá pela metade da manhã, chegamos à nossa primeira parada e passamos pelas portas de vidro para a área da recepção. Como sempre, Melissa, a recepcionista, estava trabalhando.

"Como vai você, Melissa?", perguntei.

"Bem. E você, Steve?"

"Ótimo! Tenha um bom dia."

"Você também."

Então fui para os escritórios internos. De repente, eu me vi sendo puxado de volta para a área da recepção.

"Qual é o problema?", perguntei a Ray.

Ray não disse nada, mas levou-me de volta para a recepção. Então observei enquanto Ray fazia um aliado e uma lembrança. A primeira coisa que ele fez foi esticar sua mão direita, um gesto reforçado por seu sorriso carismático que gerava eletricidade suficiente para iluminar uma cidade pequena, e disse: "Bom dia, Melissa, eu sou Ray. É um prazer conhecer você!".

Após se apresentar, Ray começou uma conversa com Melissa. "Há quanto tempo você está conosco?", "Como você soube de nós?", "O que você fazia antes de trabalhar em nossa firma?", "Que raça de cachorro é aquela na foto?", "O que você acha desse negócio em que atuamos?". Mas não eram apenas perguntas numa única direção. Ele perguntou se Melissa tinha perguntas, e respondeu-as francamente. É claro que Melissa ficou encantada com aquela troca.

"Bem... prazer em conhecê-la", disse Ray. "Espero encontrar você na próxima vez que vier aqui". E enquanto entrávamos para a nossa reunião, ele disse: "Continue fazendo o que faz, Melissa. Nós precisamos de você!".

Enquanto eu fechava a porta da área de reuniões, olhei para Ray. "O que foi aquilo?", perguntei. Ele respondeu: "Isso se chama 'papo de dois minutos'. As nossas recepcionistas se encontram ou falam ao telefone com mais pessoas fundamentais para a nossa empresa em um dia do que você ou eu iremos encontrar durante um ano: pessoas em todos os níveis hierárquicos de todas as nossas filiais em todo lugar, nossos clientes, fornecedores, colegas, chefes, candidatos e pessoas procurando emprego. Elas controlam a nossa reputação. E, de qualquer maneira, é algo apropriado a se fazer. Nada mais que algo apropriado a se fazer".

Algo apropriado a se fazer... É claro que eu havia escutado essas palavras antes, mas não as havia colocado no contexto de nossas ações no trabalho. O papo de dois minutos de Ray foi a forma como eu aprendi o poder das pequenas gentilezas, e é uma ilustração perfeita de liderança respeitável e o impacto que ela tem nas organizações. "As organizações têm uma percepção sobre elas", diz Charles Handy no *The Hungry Spirit*. As pequenas gentilezas liberam essa sensação, "uma sensação que o visitante tem assim que entra no prédio ou, frequentemente, quando encontra uma das pessoas que trabalham nele".

O PODER DA GENTILEZA

Ainda que tratar os outros com humanidade e respeito seja fundamental, John Cowan pode ter sido o primeiro a trazer esse conceito explicitamente para o local de trabalho. No seu livro *Small Decencies*, Cowan escreve:

> Enquanto eu entro em uma empresa pela primeira vez, automaticamente vou verificando os sinais. Existe um lugar para o guarda chuva dos visitantes? Logo me oferecem um café? Sou uma interrupção para a recepcionista ou um convidado bem-vindo? Vou ter que esperar ou a pessoa que me chamou chegará imediatamente e entusiasmada com a minha visita? O telefone é colocado no modo de espera? Há tempo para conversar? Há espaço na mesa para o meu notebook? Serão feitos pequenos ajustes para que eu me sinta a vontade?
>
> Esses detalhes, por si só, são inconsequentes... Mas, como um indicador do espírito da pessoa que vou encontrar, ou da cultura do negócio com o qual estou tratando, essas pequenas gentilezas são excelentes sinais. Sua ausência mostra desrespeito pessoal, pessoas irritadas e com trabalho em excesso, uma atmosfera rude ou fria, um ambiente corrosivo ao espírito humano. Sua presença quase que inevitavelmente sugere uma atenção às necessidades das pessoas, além da necessidade de uma xícara de café.

A principal preocupação neste livro é como criar e manter uma cultura ética e concordante por meio da organização de gentilezas. O senso comum é que o comportamento ético é quase o efeito colateral inadvertido de se concentrar em algo mais além dos resultados gerados. Em vez disso, vamos nos concentrar nas pequenas gentilezas comerciais por elas mesmas, exatamente porque fazer isso traz significado ao local de trabalho. Se fizermos isso, se oferecermos gentilezas por elas mesmas, sem esperarmos um resultado específico, acredito que as culturas corporativas nas quais operamos crescerão da maneira que desejamos.

O teste rigoroso que Cowan sugere é o seguinte: "Pense nos seus filhos ou em quem você gosta. Você desejaria que seu filho ou filha vivesse na sua empresa? Que fosse formado ou formada por ela? As pequenas gentilezas nos lembram que nós podemos ser verdadeiros com nossos valores, tanto em casa quanto no trabalho, e que quanto mais humanamente tratamos os outros, melhores seremos como pessoas, e melhores seremos em realizar o trabalho de nossas vidas". Tudo isso quer dizer que somos executivos, mas, antes de tudo, somos pessoas. Somos colegas que podem fazer a diferença no dia de outra pessoa, e somos aqueles que querem ser tratados com respeito, humanidade e carinho. Com tais ações, multiplicadas dezenas de vezes por dia durante um período de tempo, culturas corporativas se consolidam e geram milhares de outras iniciativas.

Ted Koppel, um dos grandes jornalistas de nossa época, ressaltou a importância das pequenas gentilezas no poder dos indivíduos de fazer a diferença. Falando para os formandos da Universidade de Stanford, em 1998, ele se referiu aos "pequenos atos de coragem e gentileza" que são necessários para desafiar as práticas e instituições que limitam as possibilidades humanas:

> Nós não vamos mudar o que está errado com a nossa cultura por meio das leis, ou escolhendo lados com base na popularidade pessoal ou filiação partidária. Nós vamos mudar isso com pequenos atos de coragem e gentileza; reconhecendo, cada um de nós, a obrigação de nos tornarmos um exemplo para os demais.
>
> Almejem a gentileza. Pratiquem a civilidade com os outros. Admirem e estimulem o comportamento ético onde quer que o encon-

trem. Apliquem um padrão rígido de moralidade nas suas vidas; e se, periodicamente, vocêm falharem, como certamente irão, ajustem as suas vidas, e não os padrões.

Não há mistério aqui. Vocês sabem o que fazer. Agora vão e façam!

No final, Koppel ressalta o aspecto de ação das gentilezas. As gentilezas não têm valor, até agirmos. Mas nós sabemos, por experiência própria, que agir sobre uma decisão é difícil, especialmente quando temos motivos para acreditar que podemos ser criticados por adotar uma posição. Então, pedimos desculpas para transformar o imperativo final de Koppel em uma pergunta: "E agora, vocês vão fazê-las?".

Em outras palavras, será que temos a coragem de agir sobre os nossos valores? Não há resposta fácil para essa pergunta – mas ela deve ser feita reiteradamente. Alguns líderes a evitam simplesmente pelo alto preço de distanciarem-se daqueles que os servem. Líderes cometerão erros, mas quando se testarem – a cada escorregão e cada recuperação – eles encontrarão a força de que precisam para prevalecer. Descobrir isso não é arriscar-se, mas — novamente — ser um líder também não é.

DEFININDO GENTILEZA

Todos nós, uma vez ou outra, usamos a palavra *gentileza* ou suas variantes. Podemos associar gentileza com ser atencioso, cortês, agradável, honesto, honroso, preocupado, adequado, fino, respeitável, prestativo ou útil. Falamos de atos decentes, comportamentos decentes, uma pessoa decente, um salário decente. Nós nos encontramos relacionando uma palavra que reflete comportamentos específicos. Mesmo o oposto – *a indecência* — é algo que a maioria de nós pode aceitar: uma "exposição indecente" é algo bastante comum para nós. "Você está decente?" era, originalmente, o jargão de camarim de teatro para "Você está vestido?".

Aqui vai uma típica definição de dicionário para *gentilezas*:

Gestos, ambientes ou serviços considerados necessários para um padrão de vida aceitável.

Eu gostaria de estender a definição para os nossos objetivos:

Uma gentileza comercial é um gesto livremente oferecido sem a expectativa de recompensa que, seja ele pequeno ou grande, muda a cultura corporativa para melhor.

Essa definição pode ser um pouco obscura. Então, vou descompactá-la um pouco.

Uma gentileza é um *gesto* discreto ou uma *ação* discreta. É óbvio que uma gentileza tem de ser realizada para que tenha significado. Não é uma intenção ou uma atitude, embora ambas, frequentemente, venham primeiro. Querer ser respeitável é como querer perder peso. "Eu quero ser respeitável" está para realmente ser respeitável tanto quanto "Eu quero perder peso" está para, de fato, perder peso. As intenções são boas, mas, na verdade, ser respeitável, como, na verdade, perder peso, precisam de ação.

Uma gentileza genuína é *oferecida livremente*. Uma gentileza não pode ser forçada por um supervisor nem exigida por uma política empresarial. Ela é voluntária por parte da pessoa que a oferece porque, neste caso, ela é consistente com os valores do indivíduo – e, esperançosamente, da organização. Por favor, não confunda gentilezas com obrigações ou ordens. Oferecer aos empregados condições seguras de trabalho não é, pela definição deste livro, uma gentileza; é somente o mínimo necessário para atuar em negócios codificados por órgãos como a U.S. Occupational Safety and Health Administration (Administração de Segurança Ocupacional e Saúde dos EUA). Um local de trabalho de oportunidades iguais e livre de assédio não é uma gentileza; é uma expectativa que se tornou norma e é reforçada pela lei. Enquanto a série contínua entre gentilezas e ordem está sempre evoluindo, o que é importante é que no momento em que o pequeno gesto de gentileza é feito, quem o faz está agindo por vontade própria.

Agir *sem expectativa de recompensa* é essencial. Se você oferece um gesto com a expectativa de reciprocidade explícita, ele se torna uma forma de escambo. Não há nada de errado nisso; a grande maioria de interações humanas funciona dessa maneira. Eu ajudo você a cortar a sua grama e você me ajuda a construir a minha cerca. Um gesto, por mais que respeitável, oferecido para antecipar um motivo explícito, por mais que benéfico, não é uma gentileza e, sim, suborno. Ter um motivo inconfesso ou oculto também nega a gentileza. As pessoas geralmente conseguem sentir uma intenção oculta vindo a um quilômetro de distância e, quando o sentem, elas correm — não andam — para a outra direção.

Gentilezas verdadeiras não são transacionais. É a qualidade unilateral e espontânea da gentileza que a faz tão inesperada e poderosa. Por isso, as gentilezas não são mais meramente transacionais; elas são transformadoras. Elas têm o poder de transformar tanto quem as faz quanto quem as recebe (o receptor), e de afetar a cultura ao mesmo tempo.

Admito que haja um pouco de contradição aqui. Eu argumento que decidir oferecer pequenas gentilezas é uma maneira de mudar a cultura corporativa — o que é de um valor inestimável. Mas também digo que uma gentileza é oferecida sem expectativa de recompensa ou resultado específico. O que é isso? Eu concilio a questão desta maneira: a decisão de oferecer uma gentileza realmente produz um benefício (uma mudança positiva na cultura). Nós não temos meios de saber qual é o benefício ou quando ele será recompensado. Enquanto certamente esperamos que nossas empresas se beneficiem, não esperamos nenhum benefício *pessoal.* Com base nisso, afirmo que gentilezas são oferecidas sem nenhuma expectativa de recompensa. Não poderá haver nenhuma análise de RDI (Retorno de Investimento) de uma gentileza, precisamente porque ela não pode ser medida, e, no esforço para aplicar uma métrica, ela deixa de ser uma gentileza.

Existe, na decisão de agir com gentileza, a esperança que iremos mudar a cultura para melhor. Essa ligação esperançosa entre mudança de cultura e gentilezas é uma segunda intenção? Talvez. Mas tudo bem. A decisão de agir com gentileza é parte da responsabilidade de liderança: depende de cada um de nós dirigir as culturas nas quais trabalhamos. O que não está bem, o que *não* funciona, é quando uma gentileza é oferecida com a específica expectativa de um *dar e receber* por parte do receptor. No exemplo do papo de dois minutos, Ray sabia que estava investindo na nossa "recepção", porque aquilo era bom para os negócios — o que significa fazer a coisa certa para a nossa organização. O que é importante é que ele não estava procurando Melissa para fazer algo especificamente para ele, como mudar programações de viagem ou buscar uma xícara de café.

No ambiente corporativo, defendo que a gentileza ocupa um lugar vital. A descrição vívida de John Cowan sobre o que ele pensa quando se aproxima da recepção de uma empresa é eloquente no seu simbolismo. A importância de atos de gentileza no contexto organizacional não pode ser subestimada. Eles precisam satisfazer critérios importantes, a fim de que possam refletir mais claramente a saúde cultural.

Mais do que a filosofia de liderança que é manifestada pelo Executivo Chefe, pelo Executivo de Operações ou por outros na categoria "executivo alguma coisa", as gentilezas formam o pacote de mensagens que a organização entrega aos seus membros. O tema unificador dessas mensagens preenche um conjunto de normas que claramente definem os limites entre o comportamento aceitável e o inaceitável. As mensagens ajudam os participantes a agirem genuinamente como membros de uma comunidade. As mensagens são tão enraizadas que dão aos membros da comunidade confiança para afirmar "Não é assim que fazemos as coisas por aqui" quando encaram uma violação da cultura.

As mensagens de gentileza sinalizam muitas coisas. "Calorosa e indistinta" é uma delas, e isso é bom. Mas há um elemento de rigor para as gentilezas, especialmente se desejamos que elas sejam eficientes em larga escala. De acordo com minhas pesquisas, as gentilezas eficientes apresentam algumas das seguintes características:

- *Pronta para uso.* Uma gentileza é tanto uma ação quanto um catalisador para uma ação. A única maneira eficiente para uma organização mudar é a mudança de comportamento. O ato de escolher desempenhar uma gentileza sinaliza uma mudança imediata no comportamento do gerente que a oferece. O comportamento da pessoa que recebe a gentileza também pode mudar. Essa pessoa poderá ser inspirada, pela gentileza, a ter um melhor desempenho ou comunicar-se mais eficientemente, ou poderá reproduzir a gentileza para outros colaboradores. Tomadas em conjunto, a ação inicial e a ação catalisada melhoram a cultura da organização. O papo de dois minutos de Ray foi uma ação discreta – uma conversa – que foi um catalisador para encorajar outros executivos a terem o mesmo comportamento.

- *Tangível.* Uma gentileza pode ser manuseada ou tocada, ou causa uma mudança mensurável ao ambiente. Já uma gentileza intangível é uma virtude, tal como a integridade ou a honestidade. Essas são qualidades desejáveis pelas quais vale se esforçar. Quando essas qualidades são expressas de uma maneira que seja tangível, então as virtudes se tornam gentilezas. Isso é perceptível pelos sentidos e inesquecível. Melissa, a recepcionista, muitos anos depois ainda se lembra dos detalhes de sua conversa com Ray.

- *Prática.* Uma gentileza comercial deve ser guiada por uma sensibilidade que esteja relacionada a bom julgamento, discernimento e equilíbrio. Não é difícil deixar que a imaginação de alguém corra solta em um mundo sem constrangimentos, mas nos negócios, onde constrangimentos são muito reais, as gentilezas que são pragmáticas têm as melhores chances de sucesso. Por exemplo, se o telefone estivesse tocando ou outros convidados estivessem esperando para serem recebidos, não teria sido conveniente que Ray iniciasse uma conversa tão longa com Melissa.

- *Disponível.* Uma gentileza comercial deverá estar adequada aos meios financeiros do gerente ou da organização. Pequenas gentilezas, por definição, têm pequeno ou nenhum custo monetário. Pequenas gentilezas devem também estar disponíveis de outras maneiras. Elas não podem sobrecarregar a organização com custos indiretos indevidos, responsabilidades legais ou precedentes caros.

- *Reproduzível e transportável.* Gentilezas devem ser reproduzíveis. Repetir o papo de dois minutos somente reforça sua eficácia. Uma gentileza oferecida a um indivíduo é sempre bem-recebida, mas se o gesto for constituído de modo que possa ser oferecido a *somente* uma pessoa, ele não chega ao nível de uma pequena gentileza. Será algo único. Uma pequena gentileza deve ter o poder atingir, de maneira simpática, mais de um indivíduo, em organizações de vários portes. Ou deve conseguir evoluir dentro de uma única organização à medida que o porte dessa organização se expanda ou se contraia.

- *Sustentável.* Gentilezas são melhores quando são implementadas para hoje, mas de modo que possam também estar disponíveis para o futuro. Uma gentileza é sustentável quando a boa-vontade que ela gera para a organização, a longo prazo, mais do que compensa os recursos nela investidos.

ONDAS NUM LAGO:
O IMPACTO DE PEQUENAS GENTILEZAS

Gostaria de pensar que dominei o papo de dois minutos, e o recomendo do fundo do coração. Fiz amizades com muitas recepcionistas e ouvi suas histórias. O papo de dois minutos, subsequentemente, passou a ser amplamente praticado na empresa, conforme descobri alguns anos mais tarde.

Eu estava visitando outra filial, muitos quilômetros e muitos anos depois do lugar onde tive contato com o papo de dois minutos pela primeira vez. Dessa vez, a gentileza veio naturalmente para mim. Enquanto Nancy, a recepcionista, e eu conversávamos, Gary, o vice-presidente regional, pediu que Nancy me desse um de seus cartões de visita. Cartões de visita para recepcionistas? Aquilo era uma novidade para mim. Obviamente expressei interesse imediato, e ela orgulhosamente colocou seu cartão na minha mão. Abaixo de seu nome, em destaque, estava escrito: "Diretora de Primeiras Impressões". Eu só pude sorrir.

Como ondas em um lago, aquele ato de Ray na recepção enviou uma mensagem forte e positiva para Melissa, para as pessoas que estavam sentadas na recepção, para mim e, finalmente, para a organização. Sem dúvida, Ray deixou claro que dedicar tempo a um colega, em qualquer nível, era importante; que a pessoa como um todo — e não apenas a função — era importante; e que não havia espaço para arrogância executiva no seu comportamento. Ray deu início a uma onda que repercutiu em outras filiais da empresa. E o cargo descrito no cartão da recepcionista disse tudo. Se você tiver alguma dúvida com relação ao impacto do cargo, experimente isso quando se aproximar de uma recepção em qualquer lugar: depois de se identificar, simplesmente diga: "Então, você deve ser a diretora de primeiras impressões". Você terá dado à recepcionista uma duradoura dose de orgulho e auto-valorização.

Essa é a parte suave do impacto de uma gentileza. Existe também um impacto comercial? Para mim, a resposta é um claro "sim". As recepcionistas são para a sua empresa como o *concierge* no Ritz-Carlton: as primeiras pessoas que seus visitantes encontram; os gerentes de tráfego das relações; os verdadeiros diferenciadores da sua marca. Elas têm de estar familiarizadas com seu negócio: não apenas com seus produtos, mas com a sua cultura. Elevá-las a "diretoras de primeiras impressões" irá criar um grupo de embaixadoras na porta da frente do seu negócio.

O papo de dois minutos não custa nada, mas traz dividendos maravilhosos. Ele não precisa da permissão de ninguém para ser executado e é reproduzível. A gentileza pode ser aplicada em organizações com uma ou com centenas de recepcionistas. Mesmo que o papo de dois minutos desse poder a apenas uma recepcionista, ele já teria uma justificativa. Mas a gentileza criou ondas que se espalharam para outros locais como ondas que se abrem num lago, enriquecendo as vidas de um número desconhecido de pessoas que trabalham para a mesma empresa, sem necessariamente se conhecerem. É um impacto que aparece no balanço anual? Talvez não. Mas talvez o impacto seja mais significativo quando ele aparece todas as vezes que uma recepcionista – desculpe, "diretora de primeiras impressões" – recebe um visitante, atende o telefone ou responde a uma pergunta.

GENTILEZAS NO TRABALHO

As organizações podem aprender a partir do exemplo da cidade de Nova York e outras cidades que aderiram à teoria "janelas quebradas" no controle da criminalidade, que diz que a manutenção das propriedades, combinada com a redução de pequenos delitos como pichações, aumenta as condições de moradia de um lugar e reduz a incidência de crimes mais violentos. A teoria das "janelas quebradas" argumenta que o crime é o inevitável resultado da desordem.

Uma janela se quebra em um prédio de apartamentos, mas ninguém a conserta. Depois, outras coisas se quebram — seja por acidente ou não — e também não são consertadas. Pichações começam a aparecer. Mais e mais danos se acumulam. As pessoas que passam por ali concluem que ninguém se importa com aquilo e que ninguém está no comando. Logo, mais janelas serão quebradas, e o sentido de anarquia se espalhará do prédio para a rua que a janela mostra, enviando um sinal de que ali vale tudo. Toda a vizinhança se deteriora. Os inquilinos se mudam. O crime chega. A batalha está perdida.

Você não acredita? Talvez seja uma coincidência. Talvez haja boas e más pessoas no mundo, e as coisas que elas fazem não dependam do seu ambiente local. Há algumas pesquisas de ciência social bastante interessantes, desenvolvidas para testar a teoria de que a manutenção da propriedade seja um fator no crime. Em Nova York, pesquisadores foram a um dos bairros mais arruinados no sul do Bronx e estacionaram na rua um belo Jaguar muito bem conservado. Depois foram para um apartamento perto dali, de onde pudessem ver que tipo de atenção o carro atrairia. Nada aconteceu. O carro ficou parado durante quatro dias sem que ninguém fizesse nada. Os pesquisadores, então, fizeram um pequeno ajuste nas condições experimentais: quebraram uma das pequenas janelas do lado do passageiro. Apenas isso: uma pequena janela quebrada. E então voltaram ao apartamento para observar. O resultado foi chocante. Alguns minutos depois, as pessoas começaram a inspecionar o veículo. A primeira coisa roubada foi o rádio. Quatro horas mais tarde, os pneus e outros itens foram levados, e o carro foi virado de cabeça para baixo e incendiado.

Malcolm Gladwell escreveu sobre a teoria das janelas quebradas em seu famoso livro *The Tipping Point*. Assim ele a descreve: "Imagine um prédio com algumas janelas quebradas. Se as janelas não forem consertadas, a tendência é que vândalos quebrem algumas outras. No final, eles até podem arrombar o prédio e, se ele não estiver ocupado, talvez se apossem de alguns apartamentos ou acendam fogueiras dentro deles. Ou, então, imagine uma calçada. Um pouco de lixo se acumula. Em breve, mais lixo se acumulará. No final, as pessoas até começarão a deixar sacos de lixo ali ou a arrombar carros".

Da mesma maneira, uma organização que ignora o valor de pequenas cortesias – receber bem os visitantes, manter os banheiros limpos, pintar as paredes – sinaliza que, provavelmente, não tem na satisfação do cliente o interesse principal. Um negócio que ignora pequenas gentilezas não tem interesse especial na ética comercial. Quais são os sinais de um negócio que ignora as pequenas gentilezas? Começa com a tolerância aos sintomas do cinismo das janelas quebradas: fechar os olhos para pequenos furtos de material de escritório, trapacear em relatórios de despesas, abusar das políticas de horário móvel e de férias. Mas, mais significativamente, culmina com colaboradores que justificam maltratar seus clientes porque eles são maltratados como colaboradores.

Uma cultura de ética nos negócios sustenta-se com um foco constante sobre os detalhes de pequenas gentilezas. É possível ver os sinais de como uma companhia é conduzida, e como ela irá cuidar de importantes interesses éticos, pela maneira como ela cuida dos detalhes. O fato é que indivíduos ou organizações revelam-se nas pequenas coisas.

Assim, a cultura de gentilezas é realmente uma atitude sustentada por meio de grandes e pequenas tentações. A maioria de nós reconhece que se somos bem tratados, tendemos a retribuir. Da mesma maneira, se desconfiam de nós ou se somos desrespeitados, tendemos a desconfiar e a desrespeitar. Na verdade, o que vemos é o que temos; ou, como disse Gandhi, nós temos de ser a mudança que queremos trazer.

Isso é o que é desconcertante quando falamos sobre gentilezas. Enquanto as gentilezas podem começar com um gesto de um líder, elas realmente não podem ser impostas de cima para baixo ou implementadas em um grande programa estratégico. Gentilezas devem ser modeladas. Elas têm de começar pequenas; oferecidas uma de cada vez no nível individual.

Os desafios de administrar um negócio que opera tanto lucrativamente quanto eticamente são diários. É bastante difícil atingir um ou outro; executar ambos desanima a todos, com exceção dos líderes mais inspirados. Basta ler as manchetes atuais para percebermos o quão longe do ideal algumas organizações e executivos continuam a operar. Todos nós arcamos com os custos do fracasso.

Mesmo após muitos processos judiciais, leis, normas, resoluções de diretoria, linha direta de denúncias[1] e códigos de conduta, os resultados ainda não são encorajadores. Apesar de todo o debate sobre a crise na confiança pública e "déficit de confiança", continua sendo muito difícil estimular uma cultura de cidadania corporativa. Normas, leis e uma cultura de consequências punitivas são reações compreensíveis. Mas as reações apontam somente para um entendimento parcial do problema. Como veremos mais detalhadamente no Capítulo 2, somente as medidas punitivas não mudam nem mudarão uma cultura. Existe uma maneira melhor de encorajar a cidadania corporativa.

---

1 Em inglês, a palavra whistleblower é utilizada para designar um funcionário, ex-funcionário, membro de uma organização, em especial empresarial ou agência governamental, que denuncia a má conduta (violação da lei, regulamento e/ou ameaça direta ao interesse público tais como fraude e corrupção) a pessoas ou entidades que presumidamente têm o poder de adotar ações corretivas.

Uma importante fonte de vantagem competitiva é a capacidade de uma organização de criar, gerenciar e influenciar as muitas gentilezas que ela pode trazer que tenham ligação com as suas operações diárias.

Todos nós queremos que as organizações e instituições das quais dependemos sejam "bem-comportadas", éticas e concordantes. Queremos trabalhar em organizações que aspirem a altos níveis de integridade e os atinjam. Queremos que os valores que consideramos importantes sejam incorporados ao comportamento diário de nossas organizações, e não apenas considerados sagrados em códigos de conduta e declarações de ética. Queremos, simplesmente, ser tratados como seres humanos.

Toda gentileza – ou a falta dela – desenvolve ou dilui a cultura existente na organização. As histórias que uma organização conta sobre si mesma são de extrema importância. As gentilezas dão à organização sinais importantes sobre quais são os seus valores e o quão comprometidas elas estão com a sua divulgação. Se uma organização não dá valor a isso, um ato solitário de gentileza não vai mudar a cultura. Mas ela pode chamar a atenção para o caráter sem sentimento da organização de uma maneira forte. O que isso pede? Mais atos de gentileza, até que eles não sejam mais solitários e não sejam mais apaziguadores.

LIDERANÇA RESPEITÁVEL

A expressão "liderança respeitável" tem duplo sentido. Por um lado, ela faz referência a líderes que fazem um *trabalho* respeitável daquilo que se espera que eles façam: dar direção a outras pessoas e a sua organização. Mas a expressão também se refere ao ato de liderar apropriadamente – liderar pessoas de uma maneira humana e respeitosa.

Esse segundo significado é que é o tema deste livro. Existem evidências significativas e lógicas de que essa é a maneira de ir para o futuro. É uma fonte de esperança para todos nós – os líderes, os liderados e a sociedade em geral.

O resultado final é que gentilezas são ações. Você não pode se excluir de uma situação na qual você atuou. Esse pode ser o teste final, em que todos os líderes corporativos deveriam se perguntar: "Se os colaboradores pudessem olhar para trás na minha história e ver todas as minhas decisões, será que eles me veriam como exemplo dos comportamentos que eu quero que eles adotem?"

A sabedoria organizacional convencional levanta muitos debates contra as gentilezas comerciais da forma como eu as defini. A visão que prevalece vem da suposição de que todo comportamento comercial é basicamente motivado por autointeresse. Os altos salários dos CEOs (Chief Executive Officers, o mais alto cargo executivo nas empresas, apenas abaixo do Chairman, ou presidente do conselho) e a cultura geral de autodesignação na qual vivemos certamente parecem confirmar essa suposição. Essa fatia de sabedoria convencional insiste em que, para que eu cuide de algo, deve haver uma compensação para mim. Na Parte 3 deste livro sugerimos que a compensação é verdadeiramente possível e que é maior do que um retorno sobre o interesse próprio. Decidir oferecer gentilezas verdadeiras é uma escolha que fazemos, independentemente do que nos oferecem em troca.

Na Parte 2 deste livro relacionamos muitas dessas gentilezas, de modo que os leitores possam incorporá-las rápida e facilmente. A maioria delas custa muito pouco ou nada. Poucas necessitam de permissão. Todas representam pequenas mudanças que podem produzir grandes resultados. E o melhor de tudo é que essas gentilezas se combinam para criar uma cultura corporativa que ajuda a proteger a organização de atos de má-conduta, tais como lapsos éticos, ofensas no local de trabalho e fraudes. Essas gentilezas não dependem dos CEOs individualmente (e isso é bom porque a rotação média de CEOs se dá em menos de sete anos). Por isso, as gentilezas não devem ser dependentes de estilos específicos de liderança.

Mas e se, apesar de seus excelentes esforços para promover uma cultura de gentilezas, a Securities and Exchange Commission – SEC (Comissão de Valores Mobiliários e Câmbio) ainda assim investigar a sua empresa? Então, talvez, você possa sentir-se confortável com isso: os reguladores podem levar emconsideração um padrão de gentilezas como prova atenuante e, talvez, até mesmo como uma intenção construtiva de promover uma cultura ética. Uma cultura de gentilezas pode não vacinar as organizações contra toda transgressão ética, mas ela pode ajudar a minimizar as multas.

Não há garantias; porém as gentilezas melhorarão a experiência de trabalho e, portanto, a cultura de trabalho.

2

Algo muito engraçado aconteceu no caminho para a conformidade

Pode o capitalismo se tornar mais decente e seu instrumento – os negócios – trabalharem mais obviamente para o bem de todos, em qualquer lugar?

CHARLES HANDY, *THE HUNGRY SPIRIT*

Eu estava em uma situação privilegiada no começo de 2004. Numa idade em que a maioria dos executivos está pensando na aposentadoria, eu ainda estava motivado com o trabalho e disposto a encarar novos desafios. Durante 20 anos ou mais, eu havia trabalhado em níveis seniores da vida corporativa, administrando uma das maiores empresas do mundo em colocação de profissionais/gerenciamento de carreiras – a Lee Hecht Harrison. Meu nome era parte do negócio e eu estava orgulhoso do que meus sócios e colegas haviam alcançado. Nós começamos a empresa em 1974 e a transformamos em uma importante companhia no setor de gerenciamento de carreiras. Em 1988, a firma for adquirida pela suíça Adecco, a maior empresa no mundo em preenchimento de vagas. A Adecco via a Lee Hecht Harrison como uma maneira de ampliar sua marca para além do preenchimento temporário de vagas, para oferecer, mundialmente, uma variedade mais ampla de soluções em capital humano.

Deixe-me divagar por um momento e definir a colocação de profissionais, porque muitas pessoas não sabem o que é isso. Eis o que escrevemos em nosso web site:

Colocação de profissionais é o processo estruturado para ajudar indivíduos a avaliarem suas oportunidades de carreira, implementarem uma procura de emprego e administrarem a transição para o novo emprego, enquanto recebem apoio pessoal e ferramentas de produtividade na busca pelo emprego.

Em outras palavras, *colocação de profissionais* é um processo que combina o acompanhamento profissional, orientação prática e facilidades essenciais para auxiliar pessoas não-colocadas, em todos os níveis, a avançarem para o estágio seguinte em suas carreiras. As organizações oferecem esse apoio seguindo mudanças corporativas individuais ou em larga escala, porque é um bom negócio, é a coisa certa a se fazer. As pessoas buscam assistência na colocação de profissionais ou gerenciamento de carreiras quando elas precisam de ajuda para estruturar sua procura por emprego, estão fora do mercado de trabalho por algum tempo ou querem considerar uma nova direção na carreira.

Como resultado da aquisição da nossa empresa pela Adecco, vivi uma experiência global atraente. A Adecco é uma empresa global e aberta, com uma diretoria majoritariamente europeia. Depois que adquiriu minha empresa, tornei-me membro do comitê executivo de gerenciamento. Embora estivesse baseado, a maior parte do tempo, nos escritórios da Lee Hecht Harrison no norte de Nova Jersey, eu também tinha um escritório em Zurique. A vida era boa. Como um bônus, eu observava a América pelos olhos dos europeus — uma perspectiva inestimável, que é um dos verdadeiros benefícios da globalização.

Minha presença frequente nos escritórios do CEO e da diretoria e o meu mandato como parte da equipe de executivos do Adecco Group tornaram coisa lógica para a Adecco designar-me o papel de superintendente interino de conformidade. No começo de 2004, aceitei o cargo e comecei a trabalhar.

As tarefas de um programa de conformidade são decretadas por lei. Assim, eu sabia o que construir. A lei exigia que empresas abertas tivessem, entre outras coisas, um código de conduta formal, treinamento de conformidade, uma "linha direta de denúncias" confidencial, comprometimento com auditorias rigorosas, determinados ajustes às maneiras como as diretorias operam, certificações das contas do CEO e dos gerentes financeiros e procedimentos abrangentes de monitoramento e documentação. Ia ficar muito caro. Eu desenhei um programa e o apresentei a uma junta composta, na maioria, por líderes comerciais europeus.

Muitas outras empresas abertas tinham programas de conformidade: então eu tinha alguns modelos. Visitei especialistas e conselheiros de confiança, fiz vários telefonemas e analisei muitos documentos, realizei reuniões com consultores. Iniciamos um processo que, no fim das contas, levou a um código de conduta do qual tenho muito orgulho. Aperfeiçoamos a declaração de valores. Finalmente, uma nova função de conformidade global estava no lugar certo. Uma resolução da diretoria foi assinada. Hoje, a Adecco disponibiliza treinamento de conformidade em formato impresso e on-line, em várias línguas. A linha direta confidencial global foi expandida e, finalmente, terceirizada. Os controles internos foram alinhados segundo as exigências da Sarbanes-Oxley. O pessoal da Adecco, de executivos seniores a gerentes de filiais e colaboradores comuns, enfim compreenderam o que se esperava deles.

Um ano mais tarde, passei as responsabilidades de conformidade para o meu sucessor. Fui nomeado presidente do conselho da Lee Hecht Harrison e voltei para Nova Jersey para ajudar a comandar a empresa de colocação de profissionais, algo que eu amava.

Mas se eu pensava que toda aquela responsabilidade de conformidade estava longe dos olhos/longe do coração, eu estava errado. A distância entre a minha breve imersão na conformidade corporativa e ética tornou-se impossível para mim. Pois, por meio daquela imersão, eu me apaixonei, não apenas pelos detalhes bem amarrados da conformidade, mas pelo modelo mais abstrato e pessoal de como as culturas corporativas são construídas e modificadas.

O TALO GRANDE, SOZINHO, NÃO FUNCIONA

O tema principal do livro é que a lei de conformidade é apenas parte da solução. Minha experiência aprendendo sobre a Sarbanes-Oxley e outras intervenções reguladoras ensinou-me que não podemos criar organizações concordantes utilizando somente meios punitivos. Cenouras e talos – caprichando nos talos – não funcionam sem um comprometimento organizacional para uma cultura ética tão suave quanto isso possa soar. Os pilares desse tipo de cultura são gentilezas expressas de maneiras variadas, nas pontas de cima e de baixo de uma hierarquia.

Quando lideramos pessoas e nossa organização para fazer a coisa certa dia após dia, nós nos tornamos parte da solução, não do problema. Mas no começo do século vinte e um parecemos ter um novo problema: muitos dos líderes de nossas organizações comerciais, justamente aquelas pessoas que deveriam estar solucionando problemas, estão, na verdade, criando mais deles. Este assunto não é nenhuma novidade, é claro, mas parece que ganhou uma dimensão maior à medida que entramos neste século. As revistas de negócios estão repletas de histórias sobre ganância, erros de avaliação, violações éticas e uma lista sem fim de outros pecados cometidos pelas mesmas pessoas que deveriam dar o exemplo — não apenas para os nossos empreendimentos comerciais, mas para a sociedade como um todo.

O comportamento corporativo tem mais importância agora do teve que no passado. Talvez agora consigamos ver exemplos de mau-comportamento com maior clareza, não apenas por causa da maior incidência, mas também porque os padrões da nossa sociedade melhoraram. O negócio americano não é apenas um assunto privado, o fato de os negócios serem bem-sucedidos ou não tem grande implicação para a economia mundial em que todos nós participamos. Passamos a esperar mais dos líderes e todos ficamos, compreensivelmente, angustiados quando eles se tornam vilões. Na verdade, o que aconteceu em empresas como Enron, WorldCom, Global Crossing, Tyco, Parmalat, Ahold e muitas outras exigiu uma reação. O que estava em risco era nada menos do que a confiança nos mercados de capital.

No ambiente de crise que se seguiu às exposições da Enron e de outras empresas, o senador americano Paul Sarbanes (um democrata de Maryland) e o congressista Michael Oxley (um republicano de Ohio) aceleraram uma abrangente lei de conformidade corporativa no Congresso. Com a tarefa de fazer cumprir a lei, a SEC — U.S. Securities and Exchange Commission (Comissão de Valores Mobiliários e Câmbio) traçou uma lista de novas normas. O resultado? Um talo realmente grande e a formação de uma indústria de ética e conformidade, da qual me vejo como uma parte indissociável.

Durante os anos que se seguiram, corporações do mundo todo incorreram em bilhões de dólares em custos de conformidade para atender às exigências impostas sobre todos os negócios participantes nos mercados de ações de capital americanos, tais como o da Bolsa de Valores de Nova York. Embora baseada em Zurique, esperava-se que a Adecco compreendesse e obedecesse às normas vindas de Washington, D.C. Como uma empresa cujas ações são negociadas nos Estados Unidos, a Adecco e centenas de outras empresas globais foram obrigadas a obedecer às novas políticas de conformidade. De repente, parecia que toda empresa pública estava contratando novos dirigentes de conformidade/ética. Mesmo as empresas privadas estavam atentas, uma vez que muitas delas desejam preservar sua capacidade de tornarem-se públicas ou serem adquiridas por uma firma pública. Essas empresas entendem que suas operações devem estar em conformidade total, para terem preservada aquela condição. Como resultado, profissionais atuando nos bastidores da atividade de conformidade e ética corporativa de repente tornaram-se as estrelas da nova indústria da conformidade.

Nas empresas de auditoria, a expectativa de novos negócios resultou em frequentes reajustes nos honorários. Na imprensa, as manchetes estavam repletas de notícias de multas. A SEC estava listando nomes! Revistas de negócios apresentavam histórias a respeito de iminentes obituários corporativos envolvendo empresas consideradas muito rígidas para fazer a transição para o novo ambiente de transparência e responsabilidade por seus atos. Virtualmente, toda empresa importante que ainda não havia feito isso, lutou para criar e implementar códigos de ética e declarações de valores.

Mas era óbvio que, apesar de todas as evidências de crise na confiança pública, criar um ambiente de negócios de conformidade e cidadania corporativa era uma coisa extremamente difícil. Normas, leis e ambiente de consequências punitivas eram reações compreensíveis. Tanto os reguladores quanto os regulados concentraram-se nas multas: como aplicá-las e como evitá-las.

Infelizmente, todas as normas refletiam um entendimento incompleto do problema. Medidas punitivas sozinhas não haviam apresentado nem apresentariam os resultados desejados. As respostas reguladoras, como a Sarbanes-Oxley, não eram suficientes; os programas de liderança não eram suficientes; o treinamento de ética on-line não era suficiente; as linhas diretas de denúncias não eram suficientes; as resoluções de diretoria não eram suficientes.

O GRANDE "AHÁ"! – OS REGULADORES VEEM A LUZ

Aliviados pela aprovação da Sarbanes-Oxley em meados de 2002 e com um prazo de três anos para que as empresas abertas pudessem estar completamente em conformidade, os reguladores devem ter tido a esperança de que o pesadelo da má conduta executiva e os choques financeiros e éticos acabassem logo, legislados até a extinção. Nada disso! Aqui está o que eles realmente viram:

- Em uma Pesquisa Nacional sobre Ética Comercial, de novembro de 2005, 52% dos entrevistados testemunharam má conduta ética. Apenas metade desse número relatou isso à administração.
- Em outra pesquisa de 2005, descobriu-se que, embora "empresas com fim lucrativo invistam recursos significativos em programas de ética e conformidade, nós não estamos vendo muitas mudanças no impacto direto desses programas."
- Uma pesquisa da PriceWaterhouseCoopers de 2005 determinou que "o número de empresas no mundo a relatar incidentes de fraude aumentou 22% nos dois anos [que antecederam a entrevista]. 43% dos entrevistados admitiram ter participado de pelo menos um ato antiético no ano anterior."

O que estava acontecendo? O que havia dado errado? A situação exigia ir além do que estava escrito nos relatórios. Nos Estados Unidos, os reguladores perceberam que o interesse público seria mais bem servido se eles trabalhassem para deter o mau procedimento em primeiro lugar. Mas o que deteria o mau procedimento? A resposta viria a eles, ironicamente, quando da discussão das multas.

A Federal Sentencing Commission (Comissão Federal de Sentenciamento), que foi criada em 1991 para oferecer diretrizes a juízes para a cobrança de multas por má conduta individual e corporativa, presidiu audiências em 2004 para avaliar sua relevância no ambiente pós-Enron. O que os delegados ouviram durante as sessões os deixou atordoados. "O objetivo de tais programas não é apenas cumprir a lei, mas instilar nos membros da organização um clima de confiança, um sentido de respeito e benefício mútuos, e um compromisso de fazer o que é certo, não simplesmente o que é exigido", afirmou Dov Seidman, CEO da LRN, a maior empresa de treinamento de conformidade on-line do mundo. "Eu acredito que a Comissão teria um maior impacto no comportamento das organizações se ela acrescentasse a exigência para que as organizações promovessem uma cultura interna que estimulasse um comprometimento tanto com a lei, como havia no passado, quanto com a ética." Em outra afirmação, Seidman prosseguiu:

> Liderança trata de valores, não da lei. É possível a auto-governança (conformidade) sem um compromisso com a auto-governança ética? Isto é, foco somente na conformidade legal será o suficiente? Achamos que não, porque sistemas baseados em regras tendem a provocar um comportamento que busca subverter o espírito dessas regras, enquanto honra seu texto. Uma cultura fundamentada em valores e ética tem melhores resultados em estabelecer e manter altos padrões de conduta do que uma cultura que somente "estimula a conformidade".

A ex-delegada da SEC, Cynthia Glassman, repetiu essa afirmação, observando que: "Embora a SEC possa implementar regras para incentivar o bom comportamento e fazer cumprir regras para desestimular mau comportamento, o órgão não pode legislar sobre comportamento ético". Criou-se assim o cenário para uma nova perspectiva de governo. Estaria a mão pesada da lei de conformidade pronta para transformar-se em uma estratégia mais afável e gentil? A linguagem apresentada nas diretrizes de sentenciamento revisadas e emitidas em novembro de 2004 determinava que as empresas públicas deveriam fazer duas coisas:

- promover uma cultura organizacional que estimulasse a conduta ética e o compromisso com a conformidade com a lei;

- assegurar que seus padrões sejam promovidos por meio de "incentivos adequados para desempenhar de acordo com o programa de conformidade e ética".

Esse foi o novo trunfo dos reguladores. Essa linguagem poderia significar que, se duas organizações fossem consideradas culpadas pelo mesmo mau procedimento, mas a Empresa A promovesse uma cultura ética e a Empresa B, não, então a Empresa A poderia esperar uma multa menor. Em outras palavras, os reguladores podem muito bem impor uma multa menor. Esse foi um desenvolvimento significativo, uma vez que multas e penalidades são importantes. Previsivelmente, as empresas ansiavam por compreender exatamente no que constituía promover uma cultura ética.

Nesta busca, as empresas viram-se em uma situação difícil. A Ethics & Compliance Officer Association (Associação de Dirigentes de Ética e Conformidade) realizou conferências em 2005 e 2006 com um olho voltado para responder à pergunta fundamental: "Com o que uma cultura ética se parece?". As respostas fornecidas pelos participantes dos debates nessas conferências, na melhor das hipóteses, não chegavam ao ponto. Culturas éticas corporativas, aos olhos dos reguladores, eram caracterizadas por:

- Um código de conduta eficiente (mas já sabíamos disso – é a lei)
- Um dirigente de conformidade ou alguém encarregado (a lei)
- Uma linha direta de informantes confidencial (a lei)
- Treinamento de conformidade (a lei)
- Incentivos para conformidade e conduta ética (diretrizes de sentenciamento revisadas)
- Comunicação e comprometimento
- "Desempenho" ético coberto em avaliações dos colaboradores e cálculos de bônus
- Ética incorporada nas descrições e competências de cargos e a interação dos colaboradores no ambiente de trabalho

Se uma cultura ética nada mais é do que uma reformulação da lei e um arranjo de programas, políticas e procedimentos, ela se presume verdadeira. É como definir uma palavra referindo-se a ela mesma. No entanto, quando olhamos para os criadores das diretrizes de sentenciamento revisadas para o esclarecimento do significado da frase "cultura ética", nós acabamos desejando mais.

Para ser justo, a cultura ética é difícil de ser definida. Muitas empresas ainda lutam para compreender o que ela significa. Compreensivelmente, alguns líderes evitam atacar de frente um assunto tão complicado e o adiam para outro dia. Mas não me satisfaz que os reguladores estejam tornando a cultura ética em uma nota de pé de página na história dos negócios. Do começo ao fim deste livro, tento lutar com a ideia da cultura ética em termos que não são apenas uma reformulação de normas. É claro que programas e políticas são importantes. Mas uma cultura ética exige mais. Exige um fundamento de posturas e gentilezas. Essas gentilezas compõem os pilares da cultura ética. Elas custam pouco, são fáceis de usar e são universalmente aplicáveis.

Tocar o tambor da conformidade não é a única maneira de criar o tipo de cultura corporativa que prediz uma boa cidadania. As leis, por si só, não são adequadas para essa tarefa. Os programas baseados em treinamento e consultoria de liderança não fazem isso sozinhos. O que fazer, então? Como suavizar a parte desprotegida do gigante corporativo, blindada e frequentemente resistente a mudanças, de maneira que esteja preparada para a conformidade?

Minha resposta é imediata: adubando o solo das culturas corporativas com gentilezas, de modo a permitir que as iniciativas de conformidade legais possam enraizar-se mais facilmente. Temos de criar uma cultura por meio de comportamentos específicos, tangíveis e sustentáveis. Isso é ética com "e" minúsculo, e as gentilezas que este livro sugere irão preparar uma organização para atender às exigências reguladoras em um contexto auspicioso, não cínico. **Joseph L. Badaracco Jr.,** autor de *Leading Quietly*, sugere que: "Algumas vezes, são os menores atos que influenciam outras pessoas meses ou mesmo anos depois. Estes são os comportamentos que, em um mundo pós-conformidade, levarão à boa cidadania, à intendência, ao lucro e ao sucesso, não importa onde uma organização opere no mundo".

O MUNDO DOS NEGÓCIOS E SEUS ESTRESSES

Uma norma autoritária não é o único desafio que os negócios têm. Os bons tempos do final do século vinte acabaram e as vantagens desfrutadas pelos Estados Unidos não são mais incontestáveis. Muitos países do mundo são capazes de produzir nossos produtos – como concorrentes ou então como nossos parceiros terceirizados. Trabalhadores no Japão, na Índia e em outros países estão mais educados do que nunca, e, frequentemente, melhor educados que o americano médio. Se vamos concorrer, isso terá de ser feito com base na inovação e no trabalho em equipe.

A tecnologia, que pensávamos que iria nos salvar, não nos salvou. Existem benefícios reais na tecnologia, ainda que seja ela o que torna o mundo um mercado global, que coloca nossos empregos em risco. Nós não exportamos mais nossa mão-de-obra barata. Médicos na Índia e na Malásia leem nossos raios-X. Especialistas nos países em desenvolvimento processam reclamações de seguros e fazem nossa declaração de imposto de renda. Nós compramos nossos carros, nosso equipamento médico e nossos microchips no mercado mundial.

A essa trama, acrescente-se o seguinte:

- Inspeção evidente e constante no curto prazo por parte dos analistas em Wall Street, o que significa pressão sobre os lucros trimestralmente.
- Um crescente espírito de ativismo entre os acionistas.
- A incrível velocidade de mudança, que alguns chamam de "inovação aeróbica", e que é apenas para a sobrevivência!
- Organizações com pouca profundidade e reestruturadas, onde a administração é importante, mas a liderança é crítica.

Este é o novo contexto do local de trabalho. O escritório silencioso, com um ponto na entrada e outro na saída, acabou para sempre; o emprego das 9 às 18hs é difícil de encontrar; a festa de aposentadoria do "relógio de ouro" é uma relíquia de uma época diferente. O organograma tradicional foi substituído por uma rede sem fronteiras, que tem mais relação com os espaços em branco do que com as linhas que ligam os vários quadros.

Todas essas dinâmicas contribuem para um ambiente de negócios, no qual o emprego vitalício é uma coisa do passado. Mas a lealdade entre empregadores e colaboradores também estará obsoleta? Nem tanto, diz David Noer, consultor e autor de *Healing the Wounds*, mas não é a mesma lealdade que tipificou muito da América corporativa na década de 1950.

Hoje em dia, de acordo com o Ministério do Trabalho dos EUA, o trabalhador médio pode esperar ter onze mudanças de emprego e carreiras múltiplas. Tanto os empregadores quanto os colaboradores entendem que os negócios são algo muito dinâmico para se fazer promessas de longo prazo. Essa compreensão funciona de ambas as maneiras. O estigma antes associado com os colaboradores que perdiam ou trocavam de emprego está praticamente morto. A lealdade nesse ambiente é um comprometimento mútuo com uma equipe, um projeto ou uma oportunidade de aprendizado. Qual é, então, o pacto não-escrito, mas compreendido, entre empregadores e colaboradores? Em "Criando um novo contrato de trabalho", Noer codifica claramente muitas dessas mudanças em seu "contrato" hipotético — e eu agradeço que ele tenha permitido que eu o transcrevesse aqui.

Criando um novo contrato de trabalho

Esta empresa existe em um mundo que muda muito rapidamente e um novo tipo de contrato de trabalho apareceu entre nós, como uma organização, e você, como um colaborador. Abaixo seguem alguns dos elementos mais importantes desse contrato implícito.

1. O seu trabalho e as suas contribuições para esta organização são valiosos e apreciados, mas não lhe oferecemos nenhuma garantia de emprego vitalício. Na verdade, o seu papel poderá ser considerado pouco importante, quando a nossa empresa for atingida pela concorrência nacional e global, e pelas constantes mudanças que caracterizam o mercado de trabalho como um todo.

2. Enquanto não podemos lhe assegurar um emprego vitalício, você se encontra em uma posição muito boa, uma vez que, no momento, você possui (e continua a desenvolver) habilidades e experiências importantes, que são úteis para o nosso negócio central. Nesse caso, nós o veremos como um "zelador" e concentraremos esforços especiais para mantê-lo.

3. As habilidades importantes (que nós exigimos de você) evoluirão e mudarão com o tempo, à medida que respondemos à turbulência de nosso mundo contemporâneo e à medi-

da que você progride em sua carreira. Nem você nem nós saberemos de antemão quais são ou quais podem vir a ser essas habilidades vencedoras.

4. Um elemento importante de sucesso neste novo ambiente está num compromisso compartilhado para o seu crescimento e desenvolvimento contínuos. Com relação a isso, é importante declarar que consideramos o seu crescimento e sua carreira como responsabilidades nossas. Você está encarregado de certificar-se de que obterá o conhecimento e experiência necessários para ser bem-sucedido.

   De nossa parte, enquanto você estiver conosco e agregando valor, prometemos investir significativamente no seu desenvolvimento, a fim de proporcionar oportunidades para que você realize, frequentemente, tarefas versáteis que irão fomentar o aprendizado e aumentar seu valor pessoal, bem como sua capacidade de contribuir com o sucesso da empresa. Vamos nos esforçar para lhe oferecer uma liberdade relativa de escolha, exposição à experiência exigindo uma ampla base de transferência de habilidades, e uma quantidade significativa de aconselhamento e treinamento.

5. Promoções ascendentes serão, honestamente, menos frequentes e mais espaçadas do que no passado. Mas ofereceremos um movimento lateral para cargos desafiadores, que irão estimular o aprendizado e evitar que você fique desestimulado.

6. A nossa relação existe em uma economia de trabalho de livre mercado e não de intervenção, onde a mudança é o nome do jogo. Carreiras vitalícias ainda são possíveis por aqui, mas elas não são mais a norma, e, na maioria dos casos, não são mutuamente desejadas. Tanto nós quanto você devemos reconhecer essa realidade.

   a) Portanto, se chegar o momento em que você identifique uma melhor oportunidade de emprego em algum outro lugar, nós procuraremos ver isso como um interesse educado e esclarecido de sua parte para ir atrás dela.

   b) Da mesma maneira, caso se configure uma situação em que suas habilidades, capacidades e/ou serviços não sejam mais vistos como contributivos ou agregando valor à organização, nós iremos liberá-lo. Se tais mudanças ocorrerem por iniciativa nossa, nós faremos todos os esforços para ajudá-lo a realizar a transição, com indenização pela demissão, consultoria em recolocação de profissionais, e outros serviços projetados para minimizar essa interrupção da sua vida, reforçando a sua capacidade de se posicionar em um novo ambiente. Novamente, no entanto, não há garantias.

7. Se e quando você mudar para encarar um novo desafio, é nosso maior desejo que sigamos caminhos separados com sentimento mútuo de respeito e boa-reputação. Além disso, esperamos nos separar sabendo que, em nosso futuro, poderá existir, novamente, um momento em que haverá um jogo produtivo entre as suas habilidades e as nossas

necessidades organizacionais, e que tanto você quanto nós poderemos receber bem a oportunidade de nos unirmos novamente em torno de um trabalho significativo.

8. O futuro da sua carreira pode incluir uma transição para uma organização comparável à nossa ou para uma que difira enormemente da nossa em porte e/ou contexto. Ou talvez você saia para começar o seu próprio negócio. Em qualquer caso, é o nosso sincero desejo que sua experiência e seu aprendizado conosco contribuam significativamente para o seu sucesso contínuo, qualquer que seja o empreendimento que o futuro lhe reserve.

9. Enquanto você estiver conosco, nós trabalharemos diligentemente para inspirá-lo com uma visão corporativa significativa e tarefas desafiadoras. Lutaremos para engajá-lo em um envolvimento participativo e um genuíno compromisso para com a qualidade de nossos produtos e serviços. Em retorno, esperamos seus melhores esforços, com entusiasmo e comprometimento, para com os nossos valores compartilhados e objetivos de trabalho.

10. Esperamos trabalhá-lo solidamente, pagá-lo bem e energizar seu desenvolvimento por meio de um trabalho significativo e de tarefas eficientes. Comprometemo-nos com a difícil tarefa de gerenciamento de desempenho eficiente, que não é apenas uma pequena parte da análise de desempenho periódica, honesta e relevante. Nosso objetivo é o de, meticulosamente, combinar o desempenho com o salário e a oportunidade de desenvolvimento.

11. Temos ciência de que este não é o contrato de trabalho que você ou nós esperávamos. Mas achamos que ele representa uma reflexão precisa e justa da realidade nas atuais circunstâncias. Comprometemo-nos em fazer os elementos deste contrato funcionar, e esperamos um compromisso semelhante da sua parte.

Dentro desse contexto, o equilíbrio entre trabalho e vida pessoal tornou-se uma contradição. O ex-Secretário do Trabalho, Robert Reich, escreveu: “Não é uma questão de relaxamento, de estar no controle de direção, de colher os louros, nem de antiguidade na empresa... Ou você está se desenvolvendo rapidamente ou não está... Certamente, é mais fácil do que nunca, trabalhar um período, tirar longas férias, ou tirar um ou muitos anos para ficar em casa com um novo filho. Mas cuidado! Se você fizer alguma dessas coisas, vai pagar um preço muito alto. Não espere voltar no caminho do desenvolvimento muito facilmente, porque, enquanto você estiver fora, muitas coisas acontecerão e outras pessoas terão se movimentado e poderão tomar o seu lugar”.

Nós lutamos pelo equilíbrio em nossos locais de trabalho, mas, muito frequentemente, nos acomodamos por menos estresse. Diante dessas realidades, eu acredito, e outros acreditam também, que o compromisso com a gentileza cultural não irá mudar a realidade do estresse e do equilíbrio entre trabalho e vida pessoal, mas pode ser uma tônica que poderá aliviar os efeitos contraproducentes de nosso dinamismo comercial.

O DILEMA DO CEO

O dilema do CEO é como liderar de maneira ética diante de todas essas tendências, enquanto também atende às muitas exigências para desempenhar e vencer.

Esse dilema é mais eloquentemente apresentado por Harold Kushner em *Living a Life That Matters*: "Onde vou encontrar a força interna para fazer o que eu sei que é correto, diante das pressões financeiras para fazer o contrário?" A realidade inegável é que os amplamente publicados — até mesmo melodramatizados — megaescândalos corporativos e as recentes leis autoritárias de conformidade não necessariamente fizeram com que as empresas públicas se comportassem mais eticamente.

A resposta para evitar transgressões éticas estaria em leis mais rígidas? Mais punição draconiana? Declarações éticas mais específicas? Treinamento de conformidademais abrangente? Aqueles entre nós interessados em viver em um mundo com organizações bem-comportadas estão nos subestimando quando nos concentramos apenas na conformidade. Se achamos que essas regras farão com que nos comportemos mais eticamente, estamos enganados. Uma mão pesada sozinha somente produzirá autoritarismo.

A receita para organizações bem-comportadas começa por pequenos gestos e gentilezas institucionalizadas que, quando *combinadas com* mudanças estruturais – leis, normas e governança — resultam em organizações das quais podemos nos orgulhar.

A realidade é que, enquanto os negócios têm de se abastecer da raça humana, uma determinada porcentagem de pessoas irá abusar da sua liberdade, tirar proveito de seus pares e destruir recursos compartilhados. A responsabilidade final sugere que, se você falhar no uso da sua responsabilidade no serviço da organização, nós retiraremos a responsabilidade de você. Isso se torna a questão da qualidade de membro na organização.

A governança deixa que os membros da organização saibam que os valores da organização exigem responsabilidade final e como os indivíduos que abusam da sua liberdade serão tratados.

Este pequeno livro não é um sermão sobre ética, tampouco um tratado sobre a vida organizacional. Ele oferece exemplos de líderes empresariais orientados às pessoas que foram e são participantes do mundo pós-Sarbanes-Oxley e um resumo das lições aprendidas. Ele é um lembrete que diz que as soluções para os problemas complexos não têm de ser complexas.

3

Liderança, cultura e gentilezas

Você controla o termostato para o clima no qual trabalhamos.

E o benefício mais procurado atualmente é a integridade. Sem integridade, nós nunca conseguiremos desenvolver confiança. Sem a confiança, você nunca desenvolverá pessoas. Sem as pessoas, você nunca irá manter um seguidor. E sem seguidores, você não tem ninguém para liderar.

ANÔNIMO, CITADO EM *LISTEN-UP LEADER*

Eu confesso que, até dez anos atrás, o assunto da teoria da liderança nem passava pela minha cabeça.

A empresa de colocação de profissionais cujo nome inclui o meu havia crescido respeitavelmente. Mas, como frequentemente acontece com empresas prósperas, ela chegou a um ponto em que suas necessidades colocavam novas demandas nas capacidades de seus líderes. Para a minha empresa chegar ao nível seguinte, eu teria de passar por uma transformação pessoal. Eu tinha dado à Lee Hecht Harrison (LHH) o meu melhor, mas, olhando para trás, percebi que enquanto eu *gerenciava* o crescimento da empresa de maneira competente, eu compreendia muito pouco a respeito de *liderança*.

O crescimento da empresa exigia que eu providenciasse um novo nível de liderança. Era uma meta tensa para mim. Comecei aprendendo tudo o que pude sobre liderança. Eu lia, ouvia e assistia a tudo fascinado. Encontrei-me com líderes que admirava e autores que estudavam liderança. Eu me perguntava: "Eu sou um desses?", "Já sou um líder?", "Tenho a bagagem necessária?".

No final, percebi que todo líder deve ser aceito como tal; deve ter legitimidade. A qualidade de liderança está nos olhos de quem vê. Líderes têm seguidores e gerentes têm subordinados. Eu queria seguidores. Subordinados podem ser recrutados. Seguidores têm de ser ganhos. Afinal, seguir é uma atividade voluntária. Eu queria ser o tipo do líder que inspira seguidores a corresponderem nos seus padrões mais altos e a trabalhar juntos a serviço da organização.

Percebo que minha lista de desejos soa idealista e bastante emocional. Mas a minha decisão de ser mais um líder do que um gerente era pragmática. Os gerentes têm de dirigir e são responsáveis por resultados específicos. Os líderes inspiram as pessoas a encontrarem maneiras não apenas para satisfazer as descrições de seus cargos, mas também para desempenhar um papel maior dentro da companhia. Aprendi que um motivo para o estudo da liderança – ao contrário do gerenciamento – que apareceu no início da década de 1990 era que muitas empresas haviam reduzido suas categorias de gerenciamento. Sem as tradicionais áreas de administração intermediárias, os executivos da cúpula simplesmente tinham menos tempo para gerenciar o número de pessoas a eles subordinadas.

Mas como eu saberia se meus subordinados e seus parceiros haviam se tornado seguidores? Não é como se as pessoas passassem por mim nos corredores e dissessem: "Bom dia, Steve, e, a propósito, você *é* realmente um líder!" Eu ficava imaginando o que as pessoas associavam com liderança e, muitas vezes, a palavra *carisma* me vinha à cabeça.

Então, eu me perguntei: "Eu tenho *carisma*? Se não nasci com uma quantidade suficiente disso, como eu conseguiria mais? Existem programas para desenvolvimento do carisma em algum lugar?" Eu sempre acreditei que líderes já nasciam assim; que era uma coisa do DNA. Nem tanto no julgamento de Warren Bennis, que argumenta que liderança deriva de experiências, aprendizado e consciência – não biologia. Ouvi aqueles que discutiam que carisma é indispensável e outros que diziam que o carisma pode ser contraproducente porque pode obscurecer outros atributos de liderança mais valiosos. Eu escutei gravações dos que diziam que a liderança é especialmente desafiadora em um mundo corporativo mais virtual e dirigido a equipes, e também escutei líderes que diziam que foram bem-sucedidos, apesar deles próprios.

Sinto-me, portanto, à vontade para dizer que, mesmo sem saber ao certo se já sou um *líder*, sei que sou um *aprendiz* que pode lutar para ser um líder. Se eu continuar a escutar e a aprender com as pessoas que ensinam liderança e as que exibem liderança, eu crescerei *com* e *para* a minha empresa. Minha visão de liderança irá, inevitavelmente, mudar com o tempo, mas hoje eu acredito que liderança está associada com muitas características, algumas das quais descrevo a seguir.

Um líder deve ser *digno de crédito*. A credibilidade vem da *competência*. Um líder sem as habilidades necessárias para atingir a missão da organização simplesmente não consegue realizar o trabalho. Alguns líderes são assim considerados pela virtude das suas habilidades técnicas. Nesse caso, eles devem estar dispostos a transferir essas habilidades. Mas todos os líderes precisam ser vistos como competentes.

Seguidores são inspirados por líderes que mostram *energia*, *otimismo* e a capacidade de *estimular* talentos diversos. A habilidade de ajudar as pessoas a vencer e, depois, reconhecê-las quando elas conseguem o sucesso, é importante. Ao mesmo tempo, líderes devem ser *construtivos*, *protetores* e *dispostos* a considerarem a si e a outros responsáveis, mesmo nas estruturas menos hierárquicas.

Tenho observado que muitos dos melhores líderes mostram *humildade* em vez de arrogância. Humildade não é pensar menos sobre você mesmo, mas pensar em você mesmo menos frequentemente. Um líder com humildade entende que nenhum indivíduo, nem mesmo aquele que ocupa o cargo de presidente, consegue, solitariamente, criar uma grande organização. Jim Collins, o autor de *Good to Great*, propõe o seguinte teste de humildade: [líderes potenciais] têm a relação adequada para com a janela e o espelho, de maneira que quando falam sobre resultados, eles apontam para a janela, mas, quando perguntados sobre erros e coisas que não deram certo, eles apontam para o espelho?".

Relacionado à humildade está o *desejo de ajudar as pessoas a vencer*. Isso não significa apenas dividir o crédito, mas também fixar metas tangíveis e dar às pessoas os recursos e o treinamento de que elas precisam para atingir tais metas. Significa buscar o que elas fazem corretamente; procurar, conforme sugere Benjamin Zander, o maestro da Filarmônica de

Boston, "o 100%" em todos". E, algumas vezes, isso significa *amor duro, exigente* – um conceito bem compreendido por pais eficientes. Ajudar as pessoas a vencer envolve transferir a sua força a elas, de maneira que elas possam crescer e ter sucesso.

Coragem é a virtude frequentemente associada com liderança. Os livros de história estão cheios de grandes atos heroicos de coragem, então é compreensível que nós pensemos em coragem nesses termos. É comum falar de coragem como algo que um líder *tem*. Eu prefiro falar de coragem como algo que um líder faz e, por isso, prefiro contextualizar o assunto em termos de "atos de coragem" ou "momentos de coragem". Assim – todos nós temos momentos, todos somos confrontados pela necessidade de agir –, as pessoas possuem incontáveis oportunidades de escolher como e quando elas irão mostrar esse atributo chamado *coragem*.

No espírito das pequenas gentilezas, os atos de coragem que mais me impressionam são aqueles que dizem respeito aos encontros diários com colegas, clientes e supervisores. Raramente eles têm consequência monumental. Mas, tão certamente quanto o caráter é definido por escolhas, cada escolha dessas nos leva além de nossas experiências anteriores e nos faz invadir perigosas vizinhanças além da nossa zona de conforto. "Coragem é sobre fazer escolhas difíceis, mas essas escolhas, mais frequentemente do que não, envolvem as pequenas coisas que fazemos", dizem Jim Kouzes e Barry Posner em *A Leader's Legacy*.

A liderança também exige *energia*, *otimismo* e o dom de *criar um ambiente permissivo*, onde inovadores possam ser bem-sucedidos e a falha seja tolerada. Nenhum líder terá todos os atributos que eu sempre discuto; liderança não diz respeito à perfeição pessoal. Ao invés disso, os bons líderes são rodeados por outros que possuem as habilidades que faltam a eles. Mas há dois aspectos absolutamente críticos de liderança que você não pode deixar para outros. Esses atributos fundamentais são *determinação* e *integridade*.

Muitos líderes são abençoados com uma *visão* para a sua organização. No mínimo, conforme diz Colin Powel, líderes possuem a capacidade de "ver em torno de cantos". Eles desenvolvem uma afirmação de visão como um guia para a futura direção da organização. Todos precisam de esperança para o futuro, e os líderes visionários fornecem essa esperança. Tom Peters acredita que líderes "devem criar novos mundos e, depois, destruí-los; e, depois criar de novo". Mas visões também precisam de base moral. "Visões que são meramente proclamadas, e não vividas de maneira convincente, nada mais são que imitações do processo", diz ele. No seu livro *Leaders*, Warren Bennis e Burt Nanus descrevem líderes visionários como "criando perigosamente. Eles mudam o metabolismo básico da organização. Líderes articulam e definem o que anteriormente permaneceu implícito ou não-dito; então, eles inventam imagens, metáforas e modelos que apresentam um foco para nova atenção. Um fator essencial na liderança é a capacidade de influenciar e organizar significado para os membros da organização". Fazendo assim, os líderes consolidam ou desafiam a sabedoria predominante.

Ironicamente, enquanto projetar o futuro é uma competência de liderança altamente valorizada, ela é, também, aquela que os líderes menos são capazes de demonstrar. Muitas vezes, eles são reféns do presente. "Os líderes de hoje têm de se preocupar com o mundo de amanhã e com aqueles que vão herdá-lo", escrevem Kouzes e Posner em *A Leader's Legacy*. "Líderes devem ter a capacidade de prever uma imagem enriquecedora e honrada do futuro e atrair os outros para um objetivo comum. Essa é a boa notícia. A má é que os líderes de hoje são muito ruins nisso".

Aqui vai uma amostra de algumas das maneiras como alguns líderes expressaram suas visões:

- "Quando eu terminar... todos terão um." – Henry Ford, sobre a democratização do automóvel.
- "Eu acredito que esta nação deveria se comprometer em atingir a meta. antes que esta década termine, de colocar um homem na Lua e fazer com que ele volte a salvo para a Terra." – Presidente John F. Kennedy, 25 de maio de 1961
- "Há algo acontecendo por aqui... algo que está mudando o mundo... e este é o epicentro." — Steve Jobs, da Apple Computers, durante seu startup inicial
- "Qualidade, trabalho duro e comprometimento – é disso que os Estados Unidos são feitos. O nosso objetivo é sermos o melhor. O que mais existe? Se você consegue encontrar um carro melhor, compre-o." – Lee Iacocca, quando era presidente da Chrysler Corporation

- "2.000 lojas até o ano 2000." – Howard Schultz, da Starbucks Coffee Company.
- "Eu tenho um sonho: que meus quatro filhos, um dia, viverão em uma nação onde as pessoas não serão julgadas pela cor da sua pele, mas pelo conteúdo do seu caráter." – Dr. Martin Luther King Jr.

Determinação é, algumas vezes, expressa em uma missão, outras vezes em uma declaração de valores. Se a visão estiver conceituando o que o futuro da organização pode ser, a *determinação* articula o maior motivo para estar no negócio em primeiro lugar. Os líderes mais eficazes são capazes de comunicar como a visão e a determinação se conectam de uma maneira que repercuta na necessidade dos colaboradores por um significado. Bennis e Nanus terminam sua discussão sobre visão dizendo: "Resumidamente, um fator essencial na liderança é a capacidade de influenciar e organizar significado para os membros da organização". Chuck Schwab, CEO da corretora Charles Schwab & Co., definiu o negócio: "Nossos colaboradores veem-se como administradores dos sonhos financeiros de nossos clientes". Dessa maneira, Chuck Schwab claramente conecta visão e determinação. Não há nada transacional a respeito da definição do que é, afinal de contas, um negócio transacional. Líderes buscam pelo transacional sempre que possível.

A falta de determinação é provavelmente um dos principais desafios que encaramos atualmente. "Por que um garoto da cidade supera as adversidades e cria uma vida produtiva e completa, enquanto outros caem em uma vida de drogas e crime?", pergunta Kevin Cashman em *Leadership from the Inside Out*. No mundo da colocação de profissionais, onde eu passo muito tempo da minha vida, por que uma pessoa desempregada vê a sua situação como um desastre desesperador, enquanto outras veem a perda do emprego como uma oportunidade de se conectarem com algo que sempre quiseram fazer? "Por que um líder verdadeiro vê possibilidades, enquanto outro vê apenas problemas?", pergunta Cashman. Minha resposta: Algumas pessoas conseguem encontrar sua determinação mesmo nas circunstâncias mais desagradáveis. Fazê-lo exige uma incrível força de caráter. "Liderança é uma poderosa combinação de estratégia e caráter", diz o General H. Norman Schwarzkopf. "Mas, se você deve ficar sem uma, fique sem a estratégia".

E isso nos leva ao atributo mais indispensável da liderança: *integridade*. A integridade é baseada em honestidade, sinceridade, integridade de caráter e percepção de valor. Líderes que têm integridade consistentemente modelam o comportamento que eles advogam. Eles certificam-se de que a letra combine com a música. Eles operam no fundamento DWYSYWD: *Do What You Said You Would Do* (Faça o que você disse que faria). Acima de tudo, eles têm um senso ético que flui pela organização.

A integridade está estreitamente relacionada com a autenticidade. Nada consegue abalar a eficácia de um líder como um bafo de hipocrisia, e os seguidores conseguem senti-lo a quilômetros de distância. Líderes possuem integridade quando alinham suas ações com suas declarações e valores. Esse é o primeiro teste de integridade e, de certa forma, é o mais fácil. No entanto, há duas outras partes do teste. O segundo teste de integridade é uma disposição para articular os padrões e suposições que impulsionam a visão de integridade. O terceiro teste é uma disposição para comprometer-se com aqueles que podem desafiar esses padrões e suposições, independentemente do seu poder e da sua condição. Com a integridade vem a confiança e a convicção de que os líderes farão o que prometeram.

CONFIANÇA: LIDERANÇA EM AÇÃO, NÃO SOMENTE NO PAPEL

A confiança é uma mercadoria frágil no mundo dos negócios. É difícil de ganhar e fácil de perder. Os negócios sempre tiveram uma relação desconfortável com a confiança. Nós dizemos que queremos confiar uns nos outros, mas se olhássemos o que os negócios realmente fazem, não acreditaríamos. No que as organizações tradicionalmente investem? Em proibições, auditorias, seguranças, normas, regulamentos, permissões e autorizações. Comando e controle são hábitos difíceis de quebrar.

Mesmo assim, se as organizações devem prosperar, um alto nível de confiança é necessário. O custo da desconfiança é simplesmente muito alto, e sobrecarrega todo o processo comercial com atritos e perda de tempo. A confiança é o que dá liga a muitas atividades comerciais essenciais. Ela está no coração da colaboração e é a base para conferir poder aos colaboradores, permitindo que cada membro da equipe participe plenamente.

A confiança começa com o líder. Indivíduos que não são capazes de confiar fracassam em tornarem-se líderes porque, como relutam em depender dos outros, os outros se recusam a depender deles. A confiança não é um atributo passivo. A decisão de confiar muitas vezes exige escolhas difíceis.

Patrick Charmel, presidente do Griffin Hospital em Derby, Connecticut, teve de fazer uma escolha dessas. Nos dias sombrios que se seguiram aos eventos de 11 de setembro de 2001, um bioterrorista, ainda desconhecido, liberou antraz infeccioso no sistema postal, o que acabu matando cinco pessoas. Ottilie Lundgren, 94 anos, foi a quinta – e última – pessoa a morrer dessa forma durante um curto reinado do terror. Aparentemente, ela teve contato com o antraz por meio de correspondência contaminada e foi internada no Griffin Hospital. Charmel foi bastante pressionado pelo Federal Bureau of Investigation (FBI) para não divulgar aos colaboradores (e ao público) informações a respeito da paciente e de sua morte subsequente. Ainda assim, ele decidiu informar os 200 colaboradores do turno do dia a respeito do caso, tendo absoluto conhecimento de que isso poderia tornar o assunto público.

"Charmel sabia que a relação de confiança, que ele pessoalmente havia se dedicado a construir, dependia da credibilidade que ele inspirava nos seus colaboradores", disse Amy Lyman, cofundadora do Great Place to Work® Institute. "A credibilidade havia sido construída no seu compromisso de dividir com os colaboradores as informações a respeito de assuntos importantes que afetassem a organização, de estar disponível para dar as respostas às suas perguntas e cumprir sua promessa de cuidar dos seus melhores interesses", diz ela.

A confiança muitas vezes exige que líderes escolham entre dois caminhos apropriados. "A minha decisão de contar aos colaboradores nunca esteve em dúvida, mesmo sendo particularmente difícil porque estava em conflito com oficiais de alta patente do FBI", disse Charmel. "Eu não poderia violar nem colocar em risco a relação de confiança que Griffin e eu temos com nossos colaboradores e com a comunidade". Ele compreendeu que se pudesse confiar no seu pessoal para tomar decisões que tivessem consequências de vida ou morte para milhares de pacientes anualmente, ele teria certeza de que eles agiriam adequadamente. Um alto nível de confiança é o que torna essa convicção possível. Não é por acaso que o

Griffin Hospital é um dos 10 melhores lugares para trabalhar, de acordo com o Great Place to Work® Institute.

Nós conhecemos a confiança quando a vemos, mas o que é, exatamente, confiança? Um dos meus colegas na Adecco, Reinhard K. Sprenger, é também um dos mais eminentes especialistas europeus em gerenciamento e autor de *Trust: The Best Way to Manage*. Depois de descrever como a confiança funciona no comércio e nas organizações, Sprenger sugere que ela é um processo altamente pessoal vivido por uma pessoa e em uma transação por vez. Confiança, segundo Sprenger, existe quando uma pessoa diz:

> *Eu estou preparado para renunciar ao controle sobre outras pessoas, porque espero que elas sejam competentes e ajam com integridade e boa-vontade.*

Em termos de comando gerencial e teoria de controle tradicionais, essa definição de confiança é libertadora porque torna explícita a vulnerabilidade. Confiança é sobre dividir poder. Se quiser que confiem em você como um líder, você tem de dividir um pouco do seu poder. O paradoxo é que, renunciando a algum poder, um líder ganha até mais. Se você quiser algo de alguém, algumas vezes terá de, primeiramente, dar a ele antes que ele possa devolver a você.

Embora muitos líderes achem difícil confiar nos outros, não existe, realmente, substituto para a confiança. A melhor maneira de fazer com que outros confiem em você é confiar neles primeiro. Certamente isso abre você para uma possibilidade de traição. É claro que a confiança é a disposição para arriscar-se. Sim, você poderá acabar parecendo o líder menos invencível e indomável que você gostaria que alguém visse. Mas qual é a alternativa? Comando e controle simplesmente não funcionam em organizações horizontais em rede, cheias de colaboradores instruídos.

"Se você não confia, então o que fazer?", perguntam Kouzes e Posner, em *A Leader's Legacy*. "Muitas coisas simplesmente não são feitas. Você ficará trabalhando cada vez mais, gastando seu tempo com microgerenciamento. E conseguirá bem menos do melhor da sua equipe".

Nada corrói mais uma cultura corporativa do que ideais magnânimos publicados em declarações sendo rotineiramente — ainda que inadvertidamente — violados por seus líderes. Pode realmente ser melhor se a organização desistir da ideia de publicar seus valores. A organização pode ser corrupta, mas, pelo menos, não será hipócrita.

Onde há uma desconexão entre os valores declarados e a conduta real, as declarações de valores e as missões apenas criam cinismo e corroem a confiança. Como explica Tom Peters, se as ideias "são meramente proclamadas, mas não são vividas de maneira convincente, elas são nada mais que imitações do processo".

Sob tais condições, a cultura corporativa começa a permitir todos os tipos de comportamentos autodestrutíveis. Logo, o sentido de valores compartilhados deteriora a tal ponto que não há restrições na conduta corporativa. Esclareço: o problema não está em ter princípios éticos, e sim em lideres que suspendem normas éticas quando parece haver custos para estar em conformidade com os princípios éticos. Todos nós fomos testados pelo atrativo do oportunismo, que está em rota de colisão com os valores centrais.

Declarações de valores, manuais de ética e códigos de conduta não vacinam as organizações contra o mau comportamento. É incrível: ao mesmo tempo que tais documentos são úteis como lembretes de valores que já foram internalizados, eles são prognósticos imperfeitos do comportamento futuro. A Enron, a empresa-símbolo por mau comportamento, por exemplo, na verdade possuía um manual de ética e conformidade, que ela distribuía, orgulhosamente, a todos os seus colaboradores. E era um manual de ética muito bom; de certa forma, um modelo de como um abrangente manual de ética corporativa deveria ser. É possível encontrar, ainda, manuais como esses à venda no eBay, um indicador do quão completamente irrelevantes eles podem ser diante de um determinado prejuízo.

A menos que as declarações de valores sejam estabelecidas por algo além de palavras ornamentais e intenções vazias, elas terão pouco ou nenhum poder. Uma organização que transformou sua declaração de valores em um padrão duradouro que, na verdade, molda o comportamento individual e institucional para melhor, é a Johnson & Johnson. O Credo, como ele é chamado na Johnson & Johnson, é a primeira coisa que os visitantes e colaboradores veem quando entram no lobby de mármore da sede da empresa em New Brunswick, estado de Nova Jersey. Literalmente entalhado em pedra em uma parede do lobby, o Credo é uma declaração simples, de uma página, que há 70 anos guia as ações da empresa no cumprimento de suas responsabilidades para com os clientes, os colaboradores, a comunidade e os acionistas.

Mas o Credo não é apenas reservado aos visitantes. Se você visitar os escritórios da empresa, e não somente na sede, irá descobrir que os colaboradores apresentam o Credo em qualquer superfície disponível, desde pôsteres de parede até calendários de mesa e canecas de café.

O Credo fala tanto alto quanto baixo em todos os níveis da Johnson & Johnson. A empresa, sistematicamente, incorporou o Credo ao seu DNA, e de tal maneira que é muitas vezes difícil de determinar se a empresa guia o Credo ou se o Credo dirige a empresa. No começo, Robert Wood Johnson sabiamente anunciou o Credo como um conjunto de valores. Não como metas, porque as metas não possuem uma dimensão moral. Além disso, metas podem ser atingidas — e, então, o que fazer? Johnson compreendeu que as pessoas não precisam de metas, mas de padrões. Os padrões ajudam os gerentes a levar as empresas à grandeza, dia após dia. Eles se levantam e proclamam: Aqui está o que representamos; aqui está o que nos separa; e aqui está onde ficamos juntos. Como observa o colunista comercial de uma cadeia de jornais, Dale Dauten, no *The Gifted Boss*: "Um padrão vale por mil reuniões de comitê".

A Johnson & Johnson tomou duas ações específicas para tornar o Credo uma força viva. A primeira ação é a disposição da empresa em reconstruir o Credo para atender às necessidades contemporâneas. Fazendo isso, a empresa manda um sinal inconfundível de que o Credo não é apenas dos executivos, mas de todos. A empresa também usou um processo chamado o Desafio do Credo, no qual a alta administração é encorajada a contestar o significado do Credo. Esse processo foi altamente eficiente em fazer com que seus gerentes em todo o mundo tomassem posse de seus valores, e lutassem contra as inconsistências entre ações ou políticas da empresa e o Credo. Na verdade, muitos outros negócios enfraquecem a confiança que eles querem construir por meio da instituição de políticas mal-concebidas. Aqui vai um exemplo do que eu quero dizer. Scott Cawood, que foi vice-presidente de talentos globais na Revlon, conta a história. "Eu estava visitando uma empresa de varejo, que havia colocado vários pôsteres coloridos nas paredes da recepção. Os pôsteres destacavam os cinco princípios centrais de toda a organização – com a palavra "confiança" no topo da lista. Ainda assim, sempre que as pessoas entravam e saíam do prédio, seguranças vestidos em uniformes azuis revistavam suas bolsas e pastas. O princípio mais importante da organização estava sendo quebrado todas as vezes que um colaborador entrava ou saía do prédio. Esse tipo de mensagem inconsistente – dizer uma coisa mas fazer outra – corrói a confiança e inicia uma desconexão imediata".

Essa empresa de varejo pode aprender uma lição do Wal-Mart. Mais adiante, neste capítulo, comentarei um gesto acolhedor do Wal-Mart como uma pequena gentileza que se transformou em uma política da empresa: ter um colaborador recebendo os fregueses na porta. Enquanto o objetivo principal desse programa é distinguir o Wal-Mart de outros varejistas, fazendo com que os fregueses sintam-se bem-vindos, Sam Walton também compreendeu que ele desencorajou os ladrões de lojas. É claro que um segurança na frente de cada loja teria realizado a mesma função, mas ele não queria intimidar a maioria dos consumidores honestos, e sim simplesmente mandar um sinal a um pequeno número de criminosos.

Você certamente já se hospedou em um hotel onde tudo estava preso à parede e até mesmo os cabides têm uma ferragem engraçada que os torna inúteis para serem usados em outro lugar. Não sei o que você pensa, mas acredito que hóspedes não deveriam ser tratados dessa forma. A maioria das pesquisas de hotéis indica que os consumidores ficam ressentidos por serem tratados como se fossem ladrões. O Ritz-Carlton teve a ideia correta: ele trata seus consumidores como hóspedes de confiança a partir do momento em que eles fazem o check-in — inclusive equipando os guarda-roupas dos quartos com cabides de alta qualidade, de madeira e seda. Essa é uma gentileza que é remunerada com a fidelidade do consumidor. E, a propósito, o hotel não é ingênuo, pois sabe que alguns cabides serão levados. Mas, quando um hóspede leva um cabide, o hotel trata o incidente como uma compra, e não como um roubo. Sinais discretos no Ritz e em outros hotéis convidam o hóspede a desfrutar de uma amenidade — seja um cabide, uma toalha ou um roupão de banho — que pode levar com ele, se desejar. Nesse caso, uma cobrança vai aparecer na sua conta quando fizer o check-out. Em vez de defender, da boca para fora, um conjunto de valores e operar por meio de outro, o Ritz-Carlton molda suas políticas precisamente em torno de seus valores. Ações como essas reforçam os valores e constroem — não diminuem — a confiança em todos os níveis do empreendimento.

CULTURAS CORPORATIVAS

Cultura corporativa é um conjunto de mensagens a respeito de como as pessoas operam em uma organização. Ela fornece a resposta para a pergunta: "Como nós fazemos as coisas por aqui?". Enquanto pode ser difícil de definir ou medir a cultura de uma organização, é, algumas vezes, mais fácil compreender o "clima" ou a sensação da atitude do local. Isso é o que sentimos em um restaurante, uma loja ou um consultório médico; é o que experimentamos durante os primeiros minutos após entrarmos em um local, ou mesmo um departamento em particular. Algumas vezes, não conseguimos identificar o que estamos vivenciando, mas todos conhecemos a sensação de entrar em um novo espaço e imediatamente nos sentirmos bem recebidos ou malquistos. É o nosso sentido geral do local, e ele forma as nossas expectativas do que vem das nossas interações com as pessoas de lá. A cultura é um sentimento tão forte que é até mensurável com pesquisas. O especialista em liderança Ed Lawler asperamente diz: "A maneira como as pessoas são tratadas cada vez mais determina se uma empresa irá prosperar, ou mesmo sobreviver".

A expressão *cultura corporativa* foi cunhada por Terrence E. Deal e Allan A. Kennedy em seu livro *Corporate Culture*. Seu trabalho demonstra a ligação inevitável entre liderança eficiente e a construção de uma cultura coesa. Em seu livro seguinte, *The New Corporate Cultures*, os mesmos autores afirmam que essa é a liderança que não apenas permite que a empresa cumpra sua missão econômica, mas também "é a liderança que busca dar forma a um ambiente de trabalho com o qual as pessoas, em todos os níveis, consigam se identificar. É a liderança que encoraja a liderança a partir de todos. É aquela que não tem medo de representar algo e que cuida de milhares de detalhes que fazem uma empresa funcionar".

As gentilezas servem a cultura, acrescentando um "sentido de apoio" aos comportamentos éticos. A cultura resultante promove e recompensa determinados comportamentos, enquanto destaca as transgressões, os limites e os tabus a serem evitados. A cultura em uma organização é construída por seu quadro de membros, um gesto de cada vez. Ela é construída aos poucos e muda lenta e metodicamente. Os líderes têm um papel intensificado nesse processo, porque suas ações são mais visíveis que as dos outros.

Muitos descrevem a cultura corporativa como a "cola" que mantém unida uma empresa composta por pessoas diferentes. O Credo da Johnson & Johnson, por exemplo, é muitas vezes mencionado como a "cola" que une as 200 empresas operacionais da corporação no mundo todo. David Noer, autor de *Healing the Wounds: Overcoming the Trauma of Layoffs and Revitalizing Downsized Organizations*, sabe o que é necessário para cultivar culturas altamente motivadas nos locais de trabalho. Em "Uma receita de cola", ele relaciona os ingredientes e as atitudes necessárias para cultivar o trabalho em equipe produtivo em um ambiente de gentileza e respeito verdadeiramente focado nas necessidades dos consumidores.

Uma receita de cola

Encha o pote de cola com água fresca e pura de espírito humano não-diluído.

Tome cuidado especial para não contaminá-la com ideias preconcebidas ou não poluí-la com controle em excesso.

Encha lentamente; note que o pote somente pode se encher do fundo para cima. É impossível enchê-lo de cima para baixo.

Mexa com partes iguais de foco no consumidor e orgulho pelo bom trabalho.

Leve para ferver e misture-a com uma parte liberal de diversidade, uma de autoestima e uma de tolerância.

Envolva-a em responsabilidade final.

Ferva-a lentamente até que fique suave e espessa, mexendo com liderança compartilhada e metas claras.

Tempere com um pouco de humor e uma pitada de aventura.

Deixe esfriar e depois enfeite com uma cobertura de valores centrais.

Sirva, cobrindo todos os quadros no organograma, com atenção particular para os espaços em branco. Com uma aplicação adequada, os quadros irão desaparecer e tudo o que se verá será produtividade, criatividade e atendimento aos consumidores.

O CONTROLE DA MUDANÇA

Todas as empresas, em todos os lugares, estão no controle da mudança. A pressão do tempo está afetando todas as dimensões do negócio: a velocidade das mudanças, a velocidade do desenvolvimento de novos produtos, a velocidade da obsolescência e da transformação estrutural. Embora a evolução da cultura corporativa possa ser o prognóstico mais crítico do sucesso corporativo, algumas vezes parece que aceitamos a cultura como uma exceção em relação à velocidade com que todas as outras coisas nos negócios mudam. A cultura não é uma exceção. Deveríamos pensar nela com o mesmo ritmo usado com as outras forças que formam nossas organizações.

Nós aprendemos a aceitar a visão tradicional de que as culturas verdadeiramente se desenvolvem aos poucos ao longo do tempo, da mesma maneira que as tradições nascem e as histórias são contadas. Os líderes de hoje simplesmente não conseguem se adequar a essa lentidão. A formação de uma cultura consciente, empreendedora e intencional é a nova ordem do dia. O restante – inovação, globalização, tecnologia, regulamentação – move-se muito rapidamente. A cultura corporativa, que é um capacitador crítico de todas as outras atividades comerciais, simplesmente não pode ficar para trás. Acredito que os líderes podem e devem acelerar o desenvolvimento da cultura por meio das gentilezas.

Não estou dizendo que é fácil "consertar" uma cultura problemática e criar um clima que dê apoio, que seja produtivo, ético ou concordante. Esse é um trabalho bem difícil – talvez a parte mais difícil no trabalho de um líder. Estou dizendo que você não tem de sentar-se e esperar que a cultura mude. Você pode começar fazendo coisas pequenas acontecerem em seu ambiente imediato. Se as "coisas pequenas" (gestos pequenos, mas significativos) pegarem e se tornarem persuasivas, elas criarão histórias e padrões e uma textura que poderão enriquecer uma cultura. Essas pequenas coisas têm poder, porque elas podem ser sentidas diariamente por todos. Elas se tornam uma experiência unificadora que, por sua vez, se torna sustentável pela força de todos que as repetirem. E você terá acabado de acelerar o processo evolutivo cultural.

As organizações precisam ter culturas nas quais as pessoas sintam-se incluídas, seguras, respeitadas, confiadas, conectadas, reconhecidas e certificadas pelo seu valor. De certo modo, isso não é realmente pedir muito do local onde investimos os anos mais produtivos de nossas vidas. Criar e influenciar a cultura, de uma maneira pró-ativa, é um imperativo da liderança.

A ADMINISTRAÇÃO DA CULTURA ÉTICA

Vale a pena mencionar aqui duas das discussões que acontecem na literatura profissional a respeito da liderança e sua relação com a cultura. Uma está relacionada com os tipos de liderança que várias culturas apoiam – qual tipo de liderança é boa quando você está trabalhando na França ou no Japão, por exemplo, ou em Wall Street ou em um startup no Vale do Silício. Isso não é crucial para os nossos objetivos, porque a maioria das culturas apoia e responde aos comportamentos de liderança que sejam superiores em integridade, estímulo e justiça. Então, nesse sentido, o que estamos falando aqui é bastante universal.

A outra linha de pensamento está relacionada com a administração, e isso é essencial para os liderес que desejam instalar a cultura de gentilezas. Administração é a disposição dos líderes para serem responsáveis pelo bem-estar maior da instituição por meio da interação com os colaboradores — e não do controle sobre eles. Isso começa com a disposição de ser responsável por algum objetivo maior e exige tato para conviver com os colaboradores como colegas e parceiros. A administração aposta na solução e controle locais. Ela assume que o colaborador mais próximo do consumidor está na melhor posição para ser responsável e é fundamental para tornar possíveis mudanças significativas. Ela rejeita o conceito de cuidado e insiste em que a responsabilidade final seja escolhida.

Este é um pensamento radical. Toda uma indústria cresceu em torno da Sarbanes-Oxley e relacionou mandatos reguladores focados exclusivamente em uma coisa: intensificar a capacidade de uma organização em garantir a conformidade. Mas, como vimos no Capítulo 2, até mesmo os reguladores acharam que as regras não garantem a conformidade.

Quando os reguladores concluíram que era necessário ter foco na cultura ética, creio que eles abordaram essa ideia de responsabilidade final, de administração. Certamente eles desconhecem o poder da discussão que iniciaram. Quando os reguladores eram perguntados sobre o que queriam dizer com "cultura ética", é óbvio que suas imaginações eram limitadas. É quase como a definição auto-servida de pornografia para o censor: "Nós sabemos quando a vemos". Quando os reguladores foram pressionados a descrever o que seria "cultura ética", eles citavam regras, códigos, regulamentos, políticas de RH e práticas de compensação. Isso, porém, não era o suficiente.

Podemos definir *cultura ética* como a soma dos comportamentos tangíveis, característicos e específicos, normas de reciprocidade, e tradições honradas pelo tempo que formam a estrutura de uma organização ajudando a assegurar sua sustentabilidade e reduzindo sua vulnerabilidade. Esses são os comportamentos e atitudes que, juntos, ajudam os membros da organização a construir e reforçar os padrões de como as pessoas irão agir. Eles permitem que as pessoas de uma organização digam a si mesmas: "É assim que fazemos as coisas por aqui", ou, conforme o caso, "*Não* é assim que fazemos as coisas por aqui". Outra expressão para definir esses comportamentos é "pequenas gentilezas".

Herb Kelleher utilizou muito mais do que um livro de políticas e procedimentos corporativos para criar a Southwest Airlines, "as linhas aéreas que o amor construiu". São histórias intermináveis dos comportamentos liderados por Kelleher que formam a cultura exclusiva – e altamente eficiente – da Southwest. O falecido Ken Iverson, CEO da Nucor Inc., trouxe comportamentos que são atribuídos à única empresa de aço consistentemente lucrativa da América sustentável. Esses comportamentos foram todos filtrados por meio do compromisso de Iverson para com um ambiente organizacionalmente nivelado, não-hierárquico e despretensioso.

Esses exemplos e outros similares servem como discernimento dentro do poder indispensável da cultura como um medicamento preventivo contra a má conduta corporativa. Eles demonstram como as pequenas gentilezas são os alicerces que dão o tom a uma organização que oferece a conectividade às suas pessoas e uma *razão de ser* – o porquê de irmos ao escritório pela manhã. Mais importante, os exemplos mostram como as gentilezas criam um ambiente onde a integridade e a sinceridade conseguem proporcionar um escudo protetor contra o mau procedimento.

Esses exemplos quase – mas nem tanto – tornam a lei de conformidade mais digerível.

A ponte entre os códigos de conduta, declarações de valores e análises de desempenho citadas pelos reguladores e uma cultura ética verdadeira é a liderança eficiente, como aquela desempenhada por Kelleher e Iverson. Ninguém consegue legislar integridade. O melhor que podemos fazer é investir em líderes que indicam direção, criam visão, estratégia e metas, e, talvez, até criem uma "organização de aprendizado". Mas mesmo os líderes capazes de "fazer o que dizem que fazem" que são inspiradores para aqueles imediatamente em torno deles, são figuras remotas para muito mais colaboradores que não os encontram diariamente. A assinatura do CEO em um código de conduta ou em uma declaração de valores é suficiente para forjar uma cultura de integridade, conformidade e respeito? Minha experiência e a história do comportamento corporativo pós-Sarbanes-Oxley diz que não.

Uma cultura pronta para a conformidade não acontece sozinha. Ainda assim, ela tem de acontecer de uma forma ou de outra, porque os riscos são muito altos. Nós simplesmente devemos encontrar uma maneira de dar às organizações a melhor chance possível de serem bem-sucedidas.

DUAS ALAVANCAS: PEQUENAS E GRANDES GENTILEZAS

O que cada líder e gerente pode fazer é iniciar um tipo de ciclo positivo com pequenos gestos que contribuam para um ambiente mais agradável. O ambiente, estando mais agradável, estimula outros pequenos gestos que tornam a convivência melhor e mais produtiva. Para iniciar esse ciclo, os líderes modelam os gestos – idealmente replicáveis e escaláveis – que podem criar uma fundação mais desenvolvida para uma cultura concordante.

As pequenas gentilezas são por si só suficientes para construir culturas éticas? Talvez, em alguns casos, ou durante um longo período de tempo. Felizmente, os líderes têm outra alavanca para criar mudança de cultura, que é empregar grandes gentilezas. As grandes gentilezas têm duas formas básicas. Primeiro, existem as gentilezas que começam pequenas, mas rapidamente assumem vida própria e se transformam em algo mais ambicioso – mais programático e padrão.

O recepcionista do Wal-Mart é um bom exemplo desse fenômeno. Podemos deixar de lado as críticas ao Wal-Mart por um momento e concordar que há algo bastante agradável nesse modelo em que um representante da loja, com um sorridente broche de "Bem-vindo", dá as boas-vindas aos consumidores quando chegam, os ajuda com o carrinho de compras, e os agradece por suas compras? O recepcionista do Wal-Mart representa confiança, mesmo que isso seja somente mais uma função na empresa.

O modelo de recepcionista começou como uma pequena gentileza. Conforme o fundador do Wal-Mart, Sam Walton, descreve em sua autobiografia, *Sam Walton: Made in America*, o conceito desenvolveu-se a partir de uma visita que ele fez a uma loja em Crowley, na Louisiana. Walton percebeu que o gerente da loja ficava na frente do prédio, cumprimentando os consumidores. Ele ficou bastante impressionado com aquele gesto, e intuiu que aquilo iria diferenciar sua loja das outras, fazendo com que os fregueses se sentissem acolhidos e bem-recebidos.

Walton pegou aquela pequena gentileza e transformou-a em uma grande. O recepcionista do Wal-Mart é agora uma função formal. Toda loja Wal-Mart no mundo adotou essa prática. Ouvi dizer que, no Japão, o recepcionista do Wal-Mart é, até certo ponto, uma celebridade, de tão poderoso que o seu valor simbólico é para uma cultura que está de acordo com rituais de hospitalidade. Como uma grande gentileza, o modelo de recepcionista tem, sem dúvida, um gerente de programa e um orçamento de treinamento. Atualmente, ele se tornou tão institucionalizado e esperado que, provavelmente, não é nada mais do que uma gentileza que outra loja pratica em conjunto com a franquia, tal como ter os caixas saindo dos seus pontos de venda para ficar em frente aos seus corredores, recebendo os compradores no pagamento das compras.

Outras gentilezas são grandes a partir do conceito. Todo gesto que, desde o começo, envolva custos, quebre regras existentes ou exija a participação específica de outros dentro da organização é uma grande gentileza. Algumas grandes gentilezas são maiores do que outras. Em uma escala modesta, seria a decisão por parte do Ritz-Carlton de equipar seus quartos com os cabides discutidos anteriormente. Os cabides tiveram de ser fornecidos, pagos e inventariados. A cadeia de hotéis teve de implementar um sistema para distribuir os cabides e prestar contas deles. Sinais tiveram de ser impressos, para informar os hóspedes de que eles poderiam pegar os cabides mediante o pagamento de uma taxa. À medida que o programa avança, isso pode não ser muito caro, entretanto não se trata de uma pequena gentileza.

Na outra ponta da escala estão gentilezas como o programa de bolsa de estudos na Nucor, no qual a empresa estabeleceu um fundo para ajudar a educar os filhos dos colaboradores. Outros exemplos nesta categoria incluem a criação da Fundação Levi-Strauss (é claro que qualquer coisa que leve a palavra "fundação" é, por definição, uma grande gentileza). A Fundação Levi-Strauss faz uma doação de US$ 500 para grupos comunitários, nos quais colaboradores participam ativamente. Por exemplo, se um colaborador presta serviço na diretoria de uma organização sem fins lucrativos, como a American Heart Association, a empresa fará à organização uma doação de US$ 500, se o orçamento for de até US$ 100.000; US$ 1.000, para um orçamento entre US$ 100.000 e US$ 1 milhão e US$ 1.500 para orçamentos acima de US$ 1 milhão.

Outra grande gentileza que reforça o papel individual de um colaborador como voluntário é a expectativa da Salesforce.com de que cada colaborador doe 5% de seu dia de trabalho para organizações comunitárias. Esse desenvolvedor de software de gerenciamento de relacionamento com clientes, baseado em São Francisco, também dá apoio a uma fundação com 1% dos lucros da empresa anualmente. Esses dois gestos, um organizado em um nível individual e o outro organizado em uma escala corporativa, complementam-se e demonstram o compromisso da Salesforce.com. Alguns programas são grandiosas gentilezas com orçamentos substanciais por trás delas. Ainda assim, como muitos outros programas corporativos de responsabilidade social, eles ajudam a criar uma cultura corporativa fundamentada em valores organizacionais.

Enquanto líderes têm à sua disposição pequenas e grandes gentilezas, eu acredito que seja impossível executar mudanças de cultura somente com grandes gentilezas. Grandes gentilezas sem pequenas gentilezas que as sustentem perdem muito do seu impacto. Pense em um carpete. É um fato conhecido que uma chave para tornar carpetes desejáveis é o seu forro. Embora o forro nunca seja visto, sua presença é fundamental. Sem um forro, mesmo o carpete mais luxuoso fica sem relevo e, o pior, sofre em termos de durabilidade. As pequenas gentilezas estão para as grandes assim como o forro está para o carpete.

PARTE 2

Pequenas gentilezas em ação

Nesta parte descreveremos as pequenas gentilezas que outros têm de colocar em prática com sucesso. As pequenas gentilezas, conforme oferecidas diariamente por pessoas que trabalham, brotam autenticamente do desejo de um indivíduo de tratar os outros com humanidade e respeito. Enquanto você leva em consideração quais gentilezas tentar primeiro, comece por aquelas que vêm naturalmente para você. Se alguma parecer muito planejada, passe para outra. Lembre-se: nem todas as gentilezas são apropriadas para todos aqueles que as praticam ou em qualquer ambiente de trabalho. Algumas se encaixarão na sua organização, outras não.

Não testei pessoalmente todas as gentilezas listadas aqui. Algumas parecem ser mais atraentes do que outras. Mas todas foram testadas em uma ou outra organização, e os relatórios que recebi indicaram que, em pelo menos um ambiente, elas colocaram os valores oferecidos pelo indivíduo – e, o mais importante, pela organização – em prática. É com base nisso que descrevo as gentilezas.

Eu agrupei as gentilezas por temas interligados: respeito e consideração pelos outros; reconhecimento dos esforços dos colaboradores; humildade na liderança; e escutar com atenção. Há também um capítulo a respeito de pequenas gentilezas associadas ao processo de demissão, pois é em momentos difíceis como esses que as pessoas mostram seus verdadeiros aspectos e quando as gentilezas são mais necessárias.

4

Gentilezas de consideração

O mote de CEOs bem-sucedidos: primeiro as pessoas; depois as estratégias.

RAM CHARAN, *BOARDS AT WORK*

Quando comecei minha carreira profissional, em 1964, meu primeiro escritório ficava ao lado da telefonista. Nossos espaços eram separados por uma janela de vidro. A recepção, por sua vez, era separada da sala de espera por outra janela de vidro. Do meu escritório, eu podia ver a sala de espera, além da recepcionista.

Recentemente eu havia sido autorizado a fazer compras até um determinado valor. A operação de fabricação necessitava de algum material de escritório, então os zelosos vendedores locais não viam a hora de ter uma oportunidade de se tornarem um fornecedor. O primeiro chegou numa segunda-feira de manhã. Ele se anunciou e sentou-se na sala de espera. Ele chegou no horário e a recepcionista respeitosamente anunciou que havia um visitante. Coincidentemente, Warren, o gerente da fábrica, chegou na mesma hora que o representante de material de escritório. Eu estava abrindo minha correspondência quando o anúncio veio, e decidi terminar minha tarefa. Achava que dez minutos não era muito tempo para que ele esperasse.

O gerente da fábrica percebeu o vendedor esperando pacientemente. Então ele foi ao meu escritório.

"Steve, quem é aquela pessoa na recepção?"

"Ele é apenas um vendedor", eu disse, enquanto abria um envelope.

O gerente ficou furioso. "Apenas um vendedor? Você já foi um vendedor, Steve? Já sentiu a rejeição pela qual essas pessoas têm de passar todos os dias? Você sabe o quanto ele deve estar animado com esta oportunidade de venda? Bem, eu fui vendedor uma vez e sei o que é ser insultado", ele disse.

"Mas eu não quero insultá-lo", disse. Eu era jovem e defensivo.

"Mas, você o insultou", ele disse. "Perceba você ou não, por fazê-lo esperar, você está dizendo a ele que ele não é importante e tem uma prioridade pequena na sua vida. Nós não insultamos pessoas nesta empresa, especialmente nossos convidados. Agora, pare o que está fazendo, vá lá, e o convide para fazer negócios".

Lição aprendida. Nos 42 anos seguintes da minha carreira, eu nunca, conscientemente, deixei um visitante ou um convidado,— inclusive vendedores — esperando. Se você vai ou não comprar de um representante de vendas não é o caso. Mas receber as pessoas pontualmente é uma gentileza que conta, porque é cortês e respeitosa com as pessoas que lhe disponibilizam seu tempo. A recepcionista e seus colegas perceberão esse respeito, e acredite, o vendedor também. Vendedores falam e têm uma grande rede, inclusive clientes em potencial e colaboradores. Qual é a reputação que você deseja que sua organização tenha?

O RESPEITO EM PRIMEIRO LUGAR

Eu defino *respeito* como consideração para com você e para com os outros. No mínimo, respeito sugere consideração com a privacidade de outras pessoas, seu espaço físico e pertences e, acima de tudo, seu tempo. Precisamos, também, ter respeito por diferentes pontos de vista, filosofias, capacidade física e crenças. Mais importante que tudo, respeito significa tratar os outros como se você reconhecesse seus valores intrínsecos e agisse sob a suposição de que eles têm algo valioso com o qual contribuir.

As gentilezas mais básicas são aquelas que demonstram respeito e consideração. Um simples "oi" no começo do dia e um "até logo" no final, são óbvios, mas, às vezes, são formas negligenciadas de respeito. Não cumprimentar pessoas enquanto você caminha é o mesmo que não reconhecê-las como membros da comunidade. Mesmo quando colaboradores em organizações são convocados a fazerem mais com menos, passar apenas alguns minutos batendo papo pode abrir linhas de comunicação e dar um tom positivo para o dia.

Lembrar-se dos nomes das pessoas com as quais você trabalha regularmente é igualmente tão importante quanto dizer oi. Não há som mais agradável para a maioria das pessoas do que seus nomes, e nossa capacidade em reconhecer esses nomes é uma gentileza suprema. Por que muitos de nós temos problemas com isso?

Não há ambiente mais hierárquico, ou mais estressante, do que programas de residência médica. Na Universidade de Washington, dois residentes do terceiro ano em cirurgia, talvez a disciplina mais hierárquica na medicina, lançaram uma amistosa competição um-contra-um para ver qual deles conseguia aprender os nomes de mais assistentes de enfermeiras, zeladores, pessoal do transporte e da dieta e, então, usá-los autenticamente. Sua meta era quebrar a tradição dos médicos que agiam com indiferença em relação às outras pessoas que fazem os hospitais funcionarem. Sua recompensa inesperada era uma base de apoio que faria qualquer coisa por eles e pelos pacientes que eles tratam.

CUMPRIMENTOS NOS CORREDORES

Quando me pedem para comparar as culturas de trabalho dos Estados Unidos com as da Europa, frequentemente utilizo este exemplo: nos Estados Unidos, se nós encontramos as pessoas no trabalho pela primeira vez, nós apertamos as mãos e as cumprimentamos como recém-chegadas que são. Mas, então, algo muda. Se encontrarmos a mesma pessoa no dia seguinte, a ênfase muda para fazer com que se sintam menos recém-chegados do que membros aceitos da equipe. Então, tendemos a não apertar suas mãos novamente, porque é assim que os recém-chegados são tratados.

Na Suíça, pelo menos, há outra convenção. Durante a semana que passei na sede da Adecco, em Zurique, encontrei muitas pessoas. O cumprimento era verdadeiro, entusiástico, e acompanhado por um firme aperto de mão. Mas o que considero realmente extraordinário é que se eu encontrasse aquelas mesmas pessoas nos dias seguintes, elas se aproximariam de mim, apertariam a minha mão e me perguntariam sobre minha permanência como se nossa relação estivesse começando ali, pela primeira vez. Eu prezo esses encontros reconfortantes. Há algo muito forte nisso de considerar cada encontro como uma oportunidade de começar um relacionamento novamente.

PALAVRAS NO TRABALHO

A decisão sobre qual termo nós escolhemos para utilizar com a comunidade de pessoas que trabalham conosco é, por si mesma, uma gentileza. A Wal-Mart chama seus colaboradores de "associados" exatamente como W.L. Gore faz. A Adecco, que chama seus colaboradores de "colegas", evita o termo "temporários", quando fala dos indivíduos que são enviados para determinadas tarefas. Na Adecco, essas pessoas são "associados" também. Pessoas na Pfizer, do presidente para baixo, são todas "colegas". Na Starbucks, todos são chamados de "parceiros". Na JetBlue, todos os colaboradores, do presidente aos comissários de bordo, são "membros da equipe". A JetBlue leva o conceito um passo adiante. Quando você pergunta ao membro principal da equipe quantos passageiros a JetBlue transporta, a resposta é zero. As pessoas que voam pela JetBlue são "clientes". Clientes são servidos, passageiros são transportados. A JetBlue está comprometida em agir como uma empresa de serviços para os clientes, que também pilota aeronaves.

A CONEXÃO DO CAFÉ

John Sifonis, ex-executivo da Cisco Systems, costumava tomar um café na Starbucks antes de ir para o seu escritório em Houston. De vez em quando, ele levava um para sua assistente administrativa, que vibrava todas as vezes que isso acontecia. Mas ele não o fazia com uma frequência suficiente para que esse gesto se tornasse rotineiro. E também tinha o cuidado de não levar o copo de café somente quando queria recompensar a assistente por um trabalho bem-feito. Ele sabe que existem melhores maneiras de recompensar os colaboradores por um desempenho excelente. A prática de, espontaneamente, levar um café, era uma gentileza que apenas significava comunicar o quanto Sifonis estava honrado em ter a assistência da colega.

CUMPRIMENTOS DE ANIVERSÁRIO

Jim Donald, CEO da Starbucks, começa a trabalhar por volta das 6 da manhã por uma razão em especial. É a hora em que ele tenta se comunicar com as pessoas da equipe da Starbucks. Ele utiliza uma variedade de canais, incluindo correio de voz, e-mail e notas de agradecimento escritas à mão, para comprometer-se com 25 "parceiros" por dia. Mas o que chamou a minha atenção é a prática de Donald de, uma vez por mês, assinar pessoalmente 500 cartões de aniversário. Todos na sede recebem um cartão de Donald todos os anos. Neste ano, ele irá assinar mais de 3.500 cartões de aniversário. Alguém poderá argumentar que essa é uma pequena gentileza com tendência a uma grande gentileza. Afinal de contas, Donald confia na sua assistente para se manter informado a respeito dos aniversários. Mas, para mim, seu investimento de grande quantidade de tempo para estar a par dos aniversários sinaliza uma gentileza que poucos outros CEOs de organizações de porte similar imitam.

CHEGAR AO ESCRITÓRIO DA ESQUINA

Há muitas ocasiões para demonstrar que você vê colaboradores como indivíduos. Algumas dessas ocasiões são felizes, tais como um casamento, o nascimento de um filho ou a formatura de um filho no ensino médio ou na faculdade. Presentes não são sempre necessários; um telefonema de felicitações ou uma nota curta é uma pequena gentileza que carrega a mesma mensagem de consideração.

Gerentes também podem querer se aproximar dos colegas e subordinados quando as coisas não estão muito bem. Tina Gordon, diretora executiva de comunicação corporativa na Johnson & Johnson, lembra que o ex-CEO Jim Burke (em cujo mandato a intoxicação com o Tylenol aconteceu) ligou para ela em casa uns dias depois de ela ter quebrado a perna em um acidente de carro. "Por que ninguém me avisou sobre isso antes?", Burke perguntou a ela. "Estou preocupado com você". Mais de uma década depois, após uma cirurgia de câncer, Tina abriu o primeiro cartão de desejo de recuperação que chegou. Era de Ralph Larsen, que sucedeu Burke como presidente da Johnson & Johnson. Longe de serem anomalias, esses exemplos são consistentes com a maneira pela qual os executivos da Johnson & Johnson interagem com as pessoas e, mais importante, com a maneira que colaboradores como Tina tratam outras pessoas. Expressar preocupação com os outros é simplesmente parte da cultura daquela empresa, que tem por objetivo ser conhecida como "a empresa que se preocupa" com os consumidores que atende.

DAR BOAS-VINDAS AOS CONVIDADOS

Poucos gestos fazem com que visitantes numa organização se sintam bem-recebidos do que ver seus nomes mostrados na recepção. Seja uma abordagem de pouca tecnologia (um aviso escrito à mão em um cavalete) ou multimídia (um monitor eletrônico com texto móvel e arte gráfica), ver seu nome na área dos visitantes faz você se sentir especialmente bem-recebido.

Se você vai receber os visitantes dessa maneira, apenas tenha cuidado com duas coisas. Primeiro, certifique-se de que você tenha os nomes dos visitantes escritos corretamente. Cheque duas vezes para ter certeza de que eles estão mesmo corretos. Segundo, lembre-se de que alguns assuntos exigem discrição. Uma empresa não deve anunciar a visita de um concorrente se conversas sobre uma fusão estiverem em andamento.

Aqui vai um exemplo de uma gentileza de boas-vindas que pode dar errado e acabar nos noticiários. A Transportation Security Authority (Autoridade de Segurança nos Transportes) frequentemente reserva salas de conferências em hotéis para treinamento de chefes de polícia federal, pessoas que trabalham anônimas para tornar a aviação mais segura. Então, dá para imaginar o desgosto dos agentes quando se aproximam do seu hotel e veem impressa, em letras garrafais na marquise frontal do hotel, a mensagem "Bem-vindos Chefes de Polícia Federal". Moral da história: qualquer gentileza levada a um extremo impensado pode se tornar uma grande irresponsabilidade.

Felizmente, há uma maneira fácil de evitar erros nesta área: se você não tem certeza, pergunte; e pergunte mesmo se você acha que tem certeza. Isso não tem nada a ver com surpresa. É o esforço que você faz para fazer com que os outros se sintam acolhidos.

GENTILEZA DIRECIONAL

Quando um candidato a um emprego recebe um convite para uma entrevista na W.L. Gore & Associates, o pacote de informações inclui um mapa do Google com o ponto de partida no endereço da residência do candidato e o escritório da Gore como destino. O mapa apresenta a melhor rota para o escritório e estima o tempo necessário para o trajeto.

É um gesto adicional para reduzir o estresse em um momento em que a maioria dos candidatos está nervosa. Pequenos gestos como esse fazem uma enorme diferença para os candidatos. Ironicamente, a W.L. Gore está ajudando o candidato a oferecer a sua primeira gentileza para a empresa. Por não se perder e chegar no horário, o candidato está respeitando as restrições de tempo do entrevistador. Este é apenas um exemplo de como um gesto de gentileza leva a outros.

PERSPECTIVA GLOBAL

Aqui está outra gentileza que tem a ver com um mapa, mas esta é sobre como demonstrar o valor das pessoas em outras partes do mundo. David Abney, presidente da UPS International, acredita que uma perspectiva global não é apenas sinônimo de bons negócios, mas também uma gentileza, quando ela lembra as pessoas de que há um grande mundo lá fora que não necessariamente gira em torno de nenhum país em particular.

Abney é responsável pelo crescente negócio de entregas internacionais da UPS. Quando entra em seu escritório, você espera encontrar um grande mapa-múndi, e não ficará decepcionado. Mas, se olhar mais de perto, verá que esse mapa é diferente. Nele, os hemisférios estão invertidos. O Hemisfério Norte está embaixo e o Hemisfério Sul, em cima. Além disso, no centro do mapa, onde alguém poderia esperar encontrar os Estados Unidos, está o continente africano. Os Estados Unidos estão representados, é claro, mas no canto remoto ocupado, na maioria dos mapas, pela Austrália e pela Micronésia. "O arranjo exige atenção porque enfatiza o quanto da massa de terra do mundo está concentrada na África, na Europa e na Ásia", diz Abney.

"Muitas vezes as pessoas perguntam por que eu tenho um mapa configurado desta maneira", ele continua. "Eu digo a elas que é para me lembrar, e a qualquer pessoa que vem ao meu escritório, que, embora os EUA sejam uma das maiores economias e um dos maiores países do mundo, existe um mundo enorme lá fora que não gira em torno dos EUA".

O poder dessa abordagem é que, rearranjando as coisas no seu escritório, essa pessoa desafia as suspeitas e estereótipos que estreitam sua perspectiva e restringem as informações. Como uma gentileza, ela envia um sinal de que lá existe em andamento um modo de pensar novo e bem-vindo. Imagine o quanto esse mapa faria um visitante de outro país sentir-se poderoso. O que você pode fazer para arranjar artefatos em seu escritório, para sinalizar que você está aberto a novas perspectivas e novas maneiras de se relacionar com o mundo?

EVITE GÍRIAS, EXPRESSÕES IDIOMÁTICAS E COLOQUIALISMOS

Enquanto nós estamos no tópico da consideração pelas pessoas de países que não sejam o seu, eu gostaria de mencionar uma gentileza relacionada ao idioma. Quando falar com pessoas cuja primeira língua não for a sua, assuma que o seu público não compreenda gírias, expressões idiomáticas ou coloquialismos. O inglês é minha primeira língua. Frequentemente, eu falo para plateias compostas por pessoas cujo primeiro idioma é o francês, o alemão, o espanhol ou outra língua. Sou sempre grato a elas por fazerem um grande esforço para aprender a minha língua. Eu tento retribuir minha gratidão sendo cuidadoso com relação à minha fraseologia. Por exemplo, em vez de dizer "algo que vocês estão carecas de saber", eu digo "algo que lhes é "familiar". Também tento evitar metáforas que exigem um conhecimento específico que as plateias possam não ter. Por exemplo, a frase, "Nós estamos rodeando a terceira base para chegar ao home run", é bastante evocativa, mas exige uma compreensão do jogo de beisebol para ser útil. A maioria dos europeus e africanos, por exemplo, não farão a menor ideia do que eu estou falando.

INTIMIDADE DO TRABALHO EM GRUPO

Rita Bailey, autora de *Destination Profit*, fala sobre o gerente de um departamento que cresceu muito rapidamente. Quando o departamento chegou a 150 pessoas, o gerente ficou preocupado com o fato de que o crescimento pudesse ameaçar as relações próximas de trabalho que fizeram o departamento ter tanto sucesso. A sua resposta foi colocar as fotos de todos do departamento em um grande quadro no corredor central. À medida que novos colaboradores eram contratados, suas fotos juntavam-se às ali já colocadas, de maneira que eles podiam ser facilmente reconhecidos como parte do time.

ABRA REUNIÕES DEPARTAMENTAIS

É fundamental que departamentos funcionem de maneira eficiente; mas, frequentemente, as organizações se iludem e esquecem que os departamentos também precisam trabalhar juntos pelo bem do cliente. Na Metso Minerals Industries, uma fabricante de produtos de esmerilhamento, baseada em York, na Pensilvânia, as reuniões de departamentos são rotineiramente abertas para os representantes de outros departamentos. Dawna Smeltzer, gerente de serviços pós-mercado nessa empresa, faz questão de convidar outros departamentos para as suas reuniões. Algumas vezes, ela convida representantes de departamentos como engenharia, compras e finanças para participarem. O truque, ela conta, é fazer os convites pessoalmente ou por telefone. Leva mais tempo, mas é muito mais eficaz do que por e-mail.

Esse tipo de interação interdepartamental quebra a mentalidade de silo que confunde tantas organizações. A empresa aperfeiçoou processos e evitou custos extras graças à cooperação. "Outro benefício que encontramos é que isso reduz as fofocas", diz Smeltzer. "A fofoca é quase sempre destrutiva", diz ela. "Qualquer coisa que substitua conjecturas improdutivas por fatos reais é boa para a empresa e para os clientes".

APRESENTAÇÕES EM REUNIÕES

Muitas reuniões são apressadas porque os participantes sentem que eles têm mais coisas para fazer do que tempo para estarem ali. Como resultado, as apresentações são, muitas vezes, realizadas em um tempo curto ou até mesmo dispensadas, na expectativa de chegar logo aos itens de ação. Considero que isso é um engano, não apenas porque pode significar que uma nova pessoa não seja reconhecida, mas também porque não conhecer os colaboradores inibe um funcionamento eficiente. De tempos em tempos, equipes, não menos que outro bem corporativo, precisam de manutenção e, nesses momentos, as apresentações são mais um item de ação do que qualquer outra coisa na agenda.

Verifique se todos em uma reunião ou grupo se conhecem. Nada distancia mais um grupo do seu objetivo do que algumas pessoas trabalhando sem saber os nomes uns dos outros. Mesmo quando os participantes já foram apresentados anteriormente, uma segunda rodada de apresentações é, geralmente, benéfica. Muitas pessoas têm dificuldade para se lembrar de nomes, especialmente em um ambiente de grupo (ver adiante). Para essas pessoas, uma rodada curta de apresentações pode ser um verdadeiro benefício.

As apresentações podem oferecer mais informações do que apenas nomes. Por que não pedir às pessoas que, em sua vez, digam qual departamento representam e uma coisa da qual elas se orgulham de ter realizado naquela semana? Dessa maneira, os indivíduos têm a oportunidade de serem reconhecidos, e o grupo consegue algumas boas informações que podem fazer com que a reunião caminhe mais suavemente.

Você pode ser criativo com apresentações. Dias depois, quando o assunto da reunião já estiver esquecido, as pessoas ainda se lembrarão das apresentações. A seguir há três maneiras de tornar as apresentações mais criativas.

Todos nós estivemos em grandes grupos onde as pessoas se apresentam. É frustrante porque, no momento em que a terceira pessoa está se apresentando, o primeiro nome é esquecido. Para reuniões com até 10 participantes, aqui vai uma maneira de solucionar este problema. A primeira pessoa diz seu nome. "Peter Antonelli". Agora, antes que a segunda pessoa diga o nome dela, ela repete o nome da primeira pessoa. "Peter Antonelli. E eu sou Mary Raphael". A terceira pessoa tem de repetir os dois primeiros nomes antes do seu. "Peter Antonelli. Mary Raphael. E eu sou Joe Black". E assim por diante. Acredite, no final do processo, as pessoas saberão os nomes umas das outras.

Para grupos maiores, aqui vai uma outra abordagem que considero bastante eficaz. Em vez de fazer os participantes se apresentarem, peça para cada um apresentar a pessoa à sua direita (ou esquerda). "Esta é Rachel James. Raquel está na empresa há 11 anos, primeiro como uma analista de garantia de qualidade, e atualmente como líder de equipe para o projeto Qubic". Se necessário, dê 60 segundos para que as pessoas se apresentem para as outras com esse objetivo.

Nas reuniões de orientação de novos colaboradores na Lee Hecht Harrison, as pessoas se levantam para se apresentarem. Mas, além dos princípios básicos de apresentação (nome, departamento, trabalho anterior, família, etc.), elas são solicitadas a contar ao grupo alguma coisa a seu respeito que poucas pessoas sabem. Isso permite às pessoas perceber o quão interessante pode ser o ser humano. Eu tive pessoas contando voluntariamente que são paraquedistas, saltadores de bungee-jump e cantores de ópera. A gentileza é que esse detalhe permite que as pessoas pensem na outra de uma de maneira mais rica. Isso também cria melhores aberturas para a conversa, uma vez que as pessoas se encontram após a orientação.

LIMITE AS REUNIÕES DE UMA HORA EM 45 MINUTOS

Como muitos executivos, Jim Donald, CEO da Starbucks, ressente-se do tempo consumido por muitas reuniões. Sua resposta? Ele insiste em que as reuniões de uma hora sejam concluídas em 45 minutos. Como uma técnica de administração do tempo, esse passo economiza oito horas por semana. Economizar tempo é excelente, mas não é isso que me interessa. A gentileza é a sugestão de Donald com relação a o que sua equipe deveria fazer com a economia de tempo: "Eu quero que vocês utilizem seus 15 minutos extras para ligar para alguém com quem geralmente não entram em contato diariamente", disse ele à revista *Fortune*.

FORMULE PERGUNTAS, NÃO OPINIÕES

Sam Goldwyn, o magnata do cinema, disse uma vez: "Eu não quero nenhum bajulador perto de mim. Eu quero que eles me digam a verdade, mesmo se isso lhes custar seus empregos". A citação é bem-humorada porque todos nós conhecemos executivos que tomam suas decisões e não toleram nenhuma diferença de opinião, apesar de protestos em contrário. Não ser aberto às ideias dos outros mostra uma falta de respeito; fazer uma pergunta quando você já tem a resposta não é sincero e faz com que a outra pessoa perca o seu tempo. Perguntas que não são perguntas corroem uma cultura, porque pessoas inteligentes hesitam em oferecer um desafio intelectual. Aqui está a gentileza: se você realmente quer ter as melhores decisões, comece com uma pergunta e dê a sua opinião no final. Dessa maneira, subordinados que têm algo a dizer vão se sentir mais livres para oferecerem suas opiniões.

Eu não estou sugerindo que líderes não devam ter opiniões ou, quando for apropriado, emiti-las. Quando há um assunto legal ou de segurança em jogo, por exemplo, a opinião de um líder deverá ser expressa vigorosamente. A gentileza é sobre ser claro. Faça uma declaração quando você tiver feito uma pergunta. Faça uma pergunta somente se você, honestamente, quiser ouvir a opinião dos outros.

A ARMADILHA DA FOFOCA

As palavras importam. O seu tratamento de informações privadas sobre os outros é uma consideração básica. Consideração também significa não fazer fofocas. Há uma história talmúdica do século 19 sobre um homem que espalhava fofocas a respeito do rabino da cidade. Depois de um tempo, o homem percebeu o erro de suas atitudes e procurou o rabino para pedir perdão. O rabino disse que ele seria perdoado se realizasse um serviço. O homem tinha de ir para casa, pegar seu travesseiro de penas preferido, cortá-lo e jogar as penas ao vento. Depois de fazê-lo, ele deveria voltar ao rabino.

Embora confuso por aquele estranho pedido, o homem estava feliz em ser perdoado com uma punição tão leve. Ele rapidamente cortou o travesseiro, espalhou as penas e voltou à casa do rabino.

"Agora estou perdoado?", ele perguntou.

"Só mais uma coisa", disse o rabino. "Saia agora e pegue todas as penas".

Mas o vento havia espalhado as penas pelos quatro cantos da terra. Após procurar durante horas, o homem voltou com somente três penas na sua mão.

"Viu", disse o rabino, "uma vez tendo espalhado fofocas, você nunca conseguirá desfazer o erro. E, embora você verdadeiramente deseje corrigir o mal que fez, é impossível reparar o dano feito por suas palavras, assim como o é recolher as penas. Suas palavras estão por aí, no mercado, espalhando ódio, mesmo quando falamos".

CONVIDE COLABORADORES PARA ALMOÇAR

Convide cada um dos membros da sua equipe para almoçar com você a cada três meses. A ênfase deve estar no convite. Os colaboradores devem estar livres para recusarem. Se um colaborador sentir que haverá repercussão no trabalho por recusar o convite, então o que você tem não é uma pequena gentileza, mas uma reunião. A ideia é manter o convite informal e inesperado. Se houver uma lista de colaboradores e datas, você já perdeu. Mantenha o almoço simples, preferivelmente no refeitório dos colaboradores ou sentado em um local público. Uma boa pergunta a ser feita é: "O que nós precisamos fazer para mantê-lo conosco?".

5

Gentilezas de reconhecimento

Não se preocupe quando não for reconhecido,
mas lute para que o reconhecimento valha a pena.

ABRAHAM LINCOLN

Em *Destination Profit*, Scott Cawood fala sobre um vice-presidente de uma empresa baseada em Manhattan, que perdeu um laptop avaliado em US$ 1.100. A perda motivou um alvoroço de memorandos e reuniões, mesmo o laptop sendo de um modelo antigo e sem documentos importantes. "A organização perdeu 19 pessoas em 3 meses, mas ninguém parecia preocupado com aquilo", chama a atenção o vice-presidente. "Eles se preocuparam muito mais com o computador de US$ 1.100. Isso mandou uma mensagem bem clara a todos a respeito daquilo a que a empresa realmente dá valor – coisas acima de pessoas".

Aquela empresa parecia se esquecer de uma verdade incontestável: o talento humano é, atualmente, um elemento-chave do sucesso organizacional. Os dias em que o valor de uma empresa residia no seu acesso às matérias-primas ou no tamanho de suas fábricas terminaram. Na atual economia globalizada e cada vez mais dominada por serviços, é o capital intelectual que fornece a vantagem competitiva sustentável. Infelizmente, algumas empresas não operam baseadas nessas verdades. Nós vemos esse fato diariamente, de uma maneira tanto mundana quanto perversa.

A guerra de talentos terminou e o vencedor é o talento. Por uma variedade de razões demográficas, as organizações globais encontram *muito poucos* trabalhadores qualificados. Um motivador importante é o envelhecimento da população. Essa tendência será mais dramática na Europa e no Japão. Até 2025, o número de pessoas nos anos críticos de produtividade, com idade entre 15 e 64 anos, está projetado para cair em 7% na Alemanha, 9% na Itália e 14% no Japão, segundo o *The Economist*. Nos Estados Unidos, a aposentadoria dos "baby boomers" (pessoas que nasceram durante um período de alta taxa de natalidade, especificamente — nos EUA e na Inglaterra – de 1945 a 1952) significa que as organizações perderão um grande número de trabalhadores experientes. A RHR International – empresa de psicologia corporativa — afirma que as 500 maiores empresas dos Estados Unidos perderão metade dos seus gerentes seniores nos próximos cinco anos. "Infelizmente, a próxima geração de líderes potenciais já foi dizimada pela reestruturação e redução das últimas décadas", relata o *The Economist*.

As empresas estão respondendo de várias maneiras. Algumas estão dependendo de uma mão-de-obra "mista", composta de talentos centrais (fixos) e contingenciais (variados). O desafio é assegurar o alinhamento, em qualquer momento, entre a mão-de-obra da organização e suas metas estratégicas. Uma outra estratégia é abastecer-se de talentos. Mas isso não é uma panaceia, como descobriu a Enron. A Enron buscou ativamente pelos melhores e mais brilhantes, contratando até 250 profissionais com MBA por ano, no auge do seu sucesso. Ela utilizou um sistema "rank and yank" – sistema de gerenciamento de desempenho que utiliza uma curva de vitalidade — todos os anos para separar os superstars dos perdedores. A Enron recompensava os primeiros com promoções e bônus, sem dar espaço para os últimos. Mas abastecer-se de talentos não protegeu a Enron de fazer espetacularmente errado.

Essa discussão é complicada pelo fato de que o termo *talento* é ambíguo. O termo se refere à competência e aptidão gerais, sejam elas inatas ou aprendidas? Ele é reservado aos superstars, aqueles operando no topo da curva de Gauss? Ou é um sinônimo para toda a mão-de-obra? Essas são perguntas para outra ocasião.

Uma maneira bem clara para as organizações demonstrarem sua apreciação por seus colaboradores é estabelecer um equilíbrio justo entre a contribuição do colaborador para com a empresa e a contribuição da empresa para com o colaborador. O salário que uma organização paga a um colaborador é uma grande peça dessa equação, mas nós sabemos que ele não é tão grande quanto muitos gerentes acreditam que seja. Talvez, o único gesto não-monetário mais importante que os colaboradores desejam de suas organizações é o reconhecimento pelo trabalho bem-feito. "Os colaboradores que recebem esse reconhecimento tendem a ter uma autoestima mais alta, mais confiança, mais disposição para assumir novos desafios e mais avidez para contribuir com novas ideias e melhorar a produtividade", diz Donna Deeprose em *How to Recognize and Reward Employees*.

A maioria das empresas realiza um bom trabalho de investir em programas de reconhecimento em torno de bônus, premiações formais, e coisas desse tipo. Eu acho que muitos desses programas são excelentes e necessários, e discuto muitos deles no Capítulo 9. No entanto, na institucionalização de programas de reconhecimento de colaboradores, muitas organizações perderam a imediação e a intimidade dos gestos espontâneos de reconhecimento. Este capítulo inclui um grande número de pequenas gentilezas construídas em torno do objetivo fundamental de agradecer e reconhecer colaboradores individuais ou pequenas equipes.

Pequenas gentilezas, por definição, são autênticas, de baixo custo, espontâneas e não exigem planejamento nem permissão elaborada, de modo que podem ser usadas com frequência. Elas se encaixam maravilhosamente com as diretrizes do ASAP Cube para reconhecimento diário dos colaboradores, do especialista em reconhecimento Bob Nelson. Nelson diz que o reconhecimento deve ser:

- *Imediato*: Tempo é importante; não retarde elogios.
- *Sincero*: Faça porque você é verdadeiramente reconhecedor.
- *Específico*: Dê os detalhes da realização.
- *Pessoal*: Faça pessoalmente (ou em um recado escrito à mão)
- *Positivo*: Não misture com criticismo.
- *Pró-ativo*: Não espere pelo desempenho perfeito.

Há várias maneiras pelas quais o reconhecimento dos colaboradores pode ser conseguido. A seguir apresento ideias informais de reconhecimento de colaboradores para gerentes. Para ser ideal, o reconhecimento dos colaboradores deve ser projetado para se encaixar com a sua cultura de trabalho e com as necessidades e interesses dos indivíduos.

DIGA "OBRIGADO"

A gentileza mais fácil para demonstrar reconhecimento ao colaborador é tão óbvia que, frequentemente, é esquecida. É dizer "muito obrigado". É melhor fazer isso pessoalmente e na frente dos demais. Dificilmente alguém irá discutir o valor de se dizer "obrigado", mas, na prática, muitos gerentes tornam-se ocupados demais para perceber as contribuições dos outros ou dispor do tempo necessário para articular o reconhecimento.

Os residentes de cirurgia da Universidade de Washington citados no Capítulo 4, que buscavam aprender os nomes do pessoal de apoio do hospital, também desafiaram uns aos outros para dizer "obrigado" para as pessoas muitas vezes invisíveis, responsáveis pelas tarefas mais difíceis. Uma dessas pessoas é Sofia, que limpa as salas de cirurgia após procedimentos de emergência. Os médicos e as enfermeiras, na sua luta para salvar vidas, simplesmente são obrigados a jogar no chão materiais cirúrgicos descartáveis, como compressas, bandagens e outros. Essa prática é compreensível e necessária, mas ao final de cada procedimento, resta uma bagunça de virar o estômago para o pessoal da limpeza. Os residentes se esforçaram bastante para encontrar um momento entre as emergências para simplesmente agradecer a Sofia por ter limpado a sala depois que eles saíram. Eles sabem que a sua gentileza valeu a pena, quando ouvem outros médicos e enfermeiras fazendo o mesmo.

Quatro semanas de agradecimento

No local de trabalho, os líderes mais eficientes modelam o poder da atenção individual. Nessa frente, não há melhor exemplo do que Pat McGovern, fundador e presidente do International Data Group, uma empresa de publicações e pesquisas tecnológicas de US$ 500 milhões.

As 2.600 pessoas que trabalham para McGovern o chamam de "Tio Pat", por sua determinação em visitar todas a 65 unidades comerciais do IDG todos os anos e conversar pessoalmente com o maior número de pessoas possível. Os colaboradores ficam surpresos com sua capacidade de lembrar-se de seus nomes, escutar com atenção e considerar as suas sugestões. McGovern está sempre demonstrando respeito por sua equipe, e não apenas pelos executivos. Todos no IDG são da equipe de McGovern. Seja ele o faxineiro ou o editor administrativo, na ocasião do décimo aniversário no IDG, McGovern convida o colaborador para uma refeição no Ritz-Carlton.

Como o IDG é responsável por centenas de publicações, é praticamente impossível que McGovern leia todas elas, considerando-se que as revistas são publicadas em dezenas de idiomas. Muitas pessoas, porém, acreditam que esse fato improvável ocorra. Como prova disso, chamam a atenção para as centenas de bilhetes que McGovern envia para os repórteres e colunistas todos os anos para felicitá-los por seu trabalho. Muitos desses bilhetes são afixados nas paredes ou nas baias de trabalho. McGovern é também conhecido por sua generosidade, especialmente no final do ano, quando o presidente viaja pelo mundo e distribui os bônus pessoalmente. Esse é um grande gesto. Para agradecer pessoalmente a cada colaborador do IDG somente nos Estados Unidos — são mais de 1.500 colaboradores — ele leva quase quatro semanas. Os gerentes lhe fornecem uma lista das realizações de todos, e McGovern as memoriza na noite anterior às suas visitas. Ele faz isso porque quer que os colaboradores saibam que ele os vê – e realmente os vê – como indivíduos, e que leva em consideração o que eles fazem, todos os dias, para serem significativos.

A arte perdida de escrever cartas

Agradecer às pessoas e dizer palavras de reconhecimento sobre elas são bons hábitos a serem cultivados. Por algum motivo, é mais significativo quando isso é feito por escrito. Agradecimentos por escrito podem ter mais peso e há algo de duradouro na gratidão expressa no papel. O bilhete pode ser arquivado em um "arquivo de vaidades", emoldurado, ou levado para casa para ser dividido com a família.

Ken Iverson, o lendário CEO da Nucor (ver Capítulo 11), foi um dos muitos líderes que elevaram a prática de escrever bilhetes para os subordinados ao status de arte. No entanto, o bilhete não precisa ser eloquente. Ele pode simplesmente atingir os pontos altos do ASAP Cube. Mantenha um papel de carta sobre a sua mesa.

Uma carta mais elaborada pode ser apropriada ao final de um projeto importante ou após uma experiência notável. Quando foi a última vez que você escreveu uma carta assim para agradecer um colaborador, um fornecedor ou um sócio? Pense no quanto uma carta dessas poderia ser valiosa, se publicamente divulgada, para o colaborador que a merecesse, bem como para seus colegas.

Conheço um executivo que se comprometeu em escrever pelo menos uma carta toda semana. No começo, ele ficou preocupado, pois poderia acontecer de nem toda semana lhe oferecer uma oportunidade para isso. Ele estava errado. Quanto mais tomava conhecimento do serviço que recebia, mais ele percebia o quanto ficava satisfeito por aqueles momentos verdadeiros de interação entre um colaborador e um cliente.

Reconheço que é tentador enviar um e-mail em vez de usar o tempo para encontrar um papel de carta e endereçar um envelope, mas você sabe que a mensagem vai significar muito mais se chegar pelo correio. Enviar um e-mail é melhor do que nada e permite que você envie cópias para os supervisores mais facilmente, mas para conseguir todo o impacto desta gentileza, agradecimentos devem ser expressos de próprio punho e em um papel de boa qualidade. A pessoa que o receber irá valorizar mais o sentimento e você vai se beneficiar mais ao escrever a carta.

DUAS OU TRÊS PALAVRAS PODEM SIGNIFICAR MUITO

Peggy Noonan, que escrevia discursos para o ex-presidente Ronald Reagan, conta uma história tocante em suas memórias, *What I Learned in the Revolution*. Noonan admirava Reagan à distância enquanto escrevia um discurso atrás do outro para ele, sem nunca tê-lo visto. Então, após quatro meses no trabalho, o presidente Reagan escreveu "Muito bom" no rascunho de um dos muitos discursos que ela havia apresentado. Noonan ficou tão agradecida em receber esse "elogio" que, como uma estudante que ganha uma estrela do seu professor preferido, ela cortou as palavras e colou o pedaço de papel com o elogio do presidente na sua blusa.

Aqui vai outra ideia: quando você vir alguém fazendo algo corretamente, pegue um dos seus cartões, escreva "Bom trabalho!" ou "Mantenha o bom trabalho", coloque o nome da pessoa a quem você está agradecendo e dê o cartão a ela. Essa pessoa terá o direito de vangloriar-se por muito tempo.

UM ASSUNTO DE FAMÍLIA

Quando um gerente da W.L. Gore coloca uma avaliação positiva no arquivo pessoal de um sócio, o RH também envia uma cópia dela para o endereço residencial do sócio. É um pequeno esforço extra, mas passa uma mensagem muito forte. Diz que a companhia reconhece que o sócio tem uma família, que a relação da Gore com a família é importante e que a família agrega valor a toda a comunidade Gore.

ELOGIO NO DEMONSTRATIVO DE PAGAMENTO

A gentileza aqui discutida é adequada para escritórios menores. Antes que os demonstrativos de pagamento — os antigos holerites — lacrados sejam distribuídos, escreva um bilhete do lado de fora do envelope, expressando seu agradecimento pela contribuição do colaborador. Quanto mais específico você puder ser, melhor Compreendo que este passo não é adequado para grandes empresas com folhas de pagamento centralizadas; mas para aqueles escritórios onde os demonstrativos de pagamento ainda são feitos manualmente, esta é uma outra maneira de dividir o elogio. Mesmo que os colaboradores tenham os salários depositados em contas bancárias, eles ainda recebem o demonstrativo no seu local de trabalho.

PRIORIZE O ELOGIO

Você pode chamar de acessibilidade do líder ou de "administrar caminhando" — do inglês *managing by walking around* (MBWA), conforme Tom Peters expressou em *In Search of Excellence*, este item que fala de mobilidade. Na verdade, na sua raiz, a palavra *liderar* vem de uma palavra do inglês antigo que significa "ir, viajar, guiar". Isso significa que líderes têm de sair de suas mesas para quebrar barreiras e tornarem-se acessíveis. Todos os dias, o objetivo do líder tem de ser encontrar colaboradores fazendo algo correto, de maneira que ele possa elogiá-los. Nada significa tanto para um trabalhador quanto ser pego pelo chefe no ato, fazendo algo excelente.

Aqui está a gentileza: se você vir algo que não lhe agrada, anote e guarde o feedback para uma outra ocasião. Aqui vai o que acontece quando você não o faz. Uma amiga minha lembra-se de quando trabalhava em uma empresa de importação no começo de sua carreira. O presidente da empresa praticava um tipo de MBWA que eu não recomendo. Toda manhã, quando chegava, ele caminhava pelo escritório e seu joelho fazia um clique alto, sequela de uma antiga contusão. Minha amiga ficava tensa todas as vezes que ouvia aquele ruído, porque a experiência lhe havia ensinado que era muito provável que ele chegaria ao escritório dela com mais críticas do que elogios. Em vez de ajudar a diminuir a distância entre ele e seus colaboradores, as caminhadas matutinas do chefe tornaram-se uma fonte de estresse e até de medo.

O ex-prefeito da cidade de Nova York Ed Koch fazia isso corretamente. Ao visitar a vasta cidade que administrava, ele fazia uma pergunta que se tornou famosa. "Como eu estou?", era a pergunta inevitável, quando ele se encontrava com representantes ou dava uma passada nos escritórios do governo. E porque Ed Koch realmente ouvia as respostas, ele aprendia, fazia associações, e assim tornou-se um prefeito mais eficiente. Koch foi eleito prefeito três vezes (somente um outro prefeito na história da cidade de Nova York liderou por tanto tempo).

COMECE UMA REUNIÃO COM UMA CARTA

Lembra-se da gentileza sobre enviar cartas com elogios? Esta é uma extensão da mesma gentileza. Comece cada reunião lendo uma carta ou um e-mail de elogios de um cliente, sócio ou fornecedor. Tipicamente, tais mensagens vêm de um cliente ou fornecedor que agradece o colaborador que realizou o serviço. Você não tem tais cartas? Peça, porque elas certamente existem.

PAREDE DA FAMA

Periodicamente, coloque cartas de clientes ou sócios elogiando um colaborador num quadro de avisos da empresa. Se o presidente da empresa enviar uma carta de elogios a um colaborador, considere colocar uma cópia dela no quadro, também. No entanto, esclareça antes com o colaborador. Esse esclarecimento é uma gentileza dentro da gentileza. Por que tais cartas deveriam ficar escondidas, definhando no arquivo pessoal de um colaborador?

AUTÓGRAFOS VALIOSOS

Se você estiver criando um produto, encontre uma maneira de relacionar os nomes dos membros da equipe que tornou isso possível. Steve Jobs, da Apple, compreendeu o valor dessa prática. Todos os membros da equipe que projetou o primeiro computador Macintosh tiveram suas assinaturas colocadas na parte interna do corpo do computador. Fabricantes de aplicativos de software geralmente fazem que uma lista com os nomes dos membros da equipe de desenvolvimento apareça em algum lugar dentro do software. Que ninguém, exceto a equipe, conheça o código para acessar a lista não é importante. O que é importante é saber que seus nomes estão ali, de alguma maneira, e isso manterá viva a equipe, a empresa e, talvez, até mesmo os próprios indivíduos.

PEQUENAS COISAS SIGNIFICAM MUITO

Imprevisivelmente, leve café, biscoitos e lanches para compartilhar, ou peça uma pizza ou um sanduíche enorme para um almoço ou jantar em grupo. Não dê importância exagerada a isso; simplesmente diga que é um prêmio, agradecendo o quanto todos estão trabalhando. Tenha o cuidado de não tornar isso uma rotina. Preserve a espontaneidade, caso contrário, as gentilezas irão se tornar obrigações. Isso não é necessariamente ruim; a organização irá se beneficiar de muitas dessas transformações. Na verdade, se a pequena gentileza é realmente eficaz, é muito difícil preservá-la como uma pequena gentileza. Ela se torna entrelaçada no tecido da cultura, muitas vezes tem um orçamento, e, de repente, é uma grande gentileza. Entretanto, muitas vezes o esforço vale a pena pois, como vemos, pequenas gentilezas são poderosas.

Aqui vai outro exemplo: Sam Colin, fundador dos serviços de zeladoria Colin Service Systems, em White Plains, estado de Nova York, tinha o hábito de distribuir tubinhos de balas Life Savers – "salva-vidas", devido ao seu formato de boias — para os colaboradores que queria agradecer.

O CARRINHO DE CAFÉ EXECUTIVO

A Cigna Group, empresa de seguros sediada em Hartford, Connecticut, tem um carrinho de café executivo. Mas não se trata de um carrinho que passa pelos escritórios dos executivos para servi-los. Durante os períodos mais agitados do ano, os executivos da Cigna, pessoalmente, empurram os carrinhos pelo escritório, servindo bebidas e refeições rápidas aos seus colegas. À medida que servem, esses executivos não só acompanham e incentivam os colegas, como também ouvem a respeito dos problemas dos consumidores de quem verdadeiramente conhece os interesses dos consumidores.

CONVIDE UM COLABORADOR PARA REPRESENTÁ-LO NAS REUNIÕES

Para quantas reuniões, seminários e conferências, dentro e fora da empresa, você é convocado? Provavelmente, muitos mais do que sua agenda consegue acomodar. Por que, então, não convidar subordinados selecionados para irem em seu lugar e representá-lo? Faça a escolha com cuidado, e o colaborador sentir-se-á psicologicamente entusiasmado e feliz em representá-lo, em poder sair do escritório, encontrar-se com novas pessoas e aprender coisas novas. Esta forma de reconhecimento é especialmente conveniente se as reuniões são na empresa ou na mesma cidade. Se envolverem viagens ou despesas próprias significativas, o gesto não será mais considerado uma pequena gentileza, mas mesmo assim deve ser levado em consideração. Em um momento apropriado, o colaborador poderá compartilhar com membros da equipe algo do que aprendeu. Você irá se beneficiar por ser visto como alguém que valoriza tanto o trabalho de outros grupos a ponto de enviar um representante quando não pode participar.

O PRESENTE DO TEMPO

Dependendo dos limites da sua autoridade e da cultura da empresa, você poderá oferecer dias de folga para recompensar um colaborador por um serviço excepcional ou por trabalhar horas extras. Como uma pequena gentileza, a oferta tem de ser fora das férias ou das políticas de dias de folga pessoais, e você tem de saber que tem a autoridade de administrar o horário do colaborador pessoalmente. As opções podem incluir:

- dia de folga;
- dia para trabalhar em casa;
- três horas para o almoço;
- chegada mais tarde ou saída mais cedo.

Um vice-presidente, na Johnson & Johnson, era capaz de sentir o estresse crescendo em todos, incluindo ele próprio, conforme as férias se aproximavam. Seu departamento havia trabalhado bastante em uma iniciativa importante, e todos pareciam estar atrás da preparação para as suas férias. Em uma reunião do departamento, ele disse a todos para tirarem meio dia de folga a qualquer momento durante as semanas seguintes. Isso não contaria como férias e as pessoas não precisariam informar as horas para ele. Elas simplesmente tinham de se certificar que haveria alguém para cobri-las, caso uma emergência aparecesse enquanto estivessem fora fazendo compras ou cozinhando. Como disse uma mãe de duas crianças pequenas: "Eu pude fazer compras em uma quarta-feira à tarde. Não havia multidões e não estava levando as crianças comigo, então consegui fazer mais em quatro horas do que teria feito em oito em um fim-de-semana. Foi o melhor presente que já ganhei de um chefe. Eu me senti muito mais no controle durante o restante da temporada".

LIBERDADE PARA ESCOLHER

Outra medida, sem nenhum custo, para reconhecer os colaboradores que fizeram um bom trabalho é deixar que eles escolham seu próximo projeto ou troquem uma tarefa com um colega. Por exemplo, se uma pessoa terminou um projeto que envolvia muitas viagens, seria bom oferecer a ela a opção de um projeto sem viagens. Se uma vendedora faz um bom trabalho em pé, na frente do estande da empresa em uma feira, ela (e seus pés!) irá agradecer se puder trocar de lugar com a pessoa que fica sentada na mesa de pedidos.

PENSE CRIATIVAMENTE

Depois de alguns anos no departamento de relações trabalhistas na Tenneco, mudei-me para a sede corporativa, onde me tornei diretor das relações com os colaboradores. Uma das minhas melhores decisões foi a de contratar Mike Fadden como gerente de remunerações. Mike era um gênio em criatividade de remuneração. Aqui está um exemplo do que eu quero dizer.

Era uma época em que os negócios estavam devagar. Havia conversas de que os aumentos estariam limitados a apenas 2% sobre o aumento do custo de vida. Eu sabia que essa notícia iria perturbar muitos colaboradores. Fiquei particularmente frustrado porque havia alguns colaboradores que tinham superado as expectativas tão espetacularmente que mereciam um aumento mais respeitável. Mas o que eu podia fazer? Então, Mike veio para ajudar. "Não espere. Dê esse aumento especial, de um pouco mais que o aumento do custo de vida, um mês antes".

Não havia regras contra isso, então foi o que fiz. Os colaboradores agradeceram além do valor financeiro do gesto. Mesmo que o verdadeiro dinheiro extra fosse insignificante, o gesto de dá-lo antecipadamente fez uma diferença enorme. Minha conclusão: mesmo quando suas mãos estão atadas, você sempre encontra um modo de ajudar.

Outros gerentes utilizam suas habilidades artísticas para recompensar grandes realizadores. O *The Wall Street Journal* publicou uma história a respeito de Sandy Schroeder, uma consultora de mercado da Taco Bell, que faz placas comemorativas para os colaboradores com ótimo desempenho nos 36 restaurantes que ela supervisiona no estado de Indiana. Schroeder começa com CDs de música. Depois, ela pinta cada um com o nome da pessoa que vai receber uma placa com a data e citações como "O Desempenho é um Sucesso!" ou "Você Agita!". Uma placa leva uns 40 minutos para ser feita e custa US$ 5, diz ela, acrescentando que a maioria dos que a receberam as deixam à mostra em seus escritórios na loja.

Muitos líderes invocam a Regra de Ouro quando planejam o programa de reconhecimento de colaboradores. "Faça aos outros o que você gostaria que eles fizessem a você" é uma valiosa diretriz na vida, mas quando se trata de colaboradores, eu sugiro aplicar a Regra de Platina: "Faça aos outros o que eles gostariam que você fizesse a eles".

Muitas maneiras criativas e simples de agradecer aos outros podem ser encontradas na série *Life's Little Instruction Book*, de H. Jackson Brown Jr. Aqui vão algumas:

- Elogie três pessoas todos os dias.
- Reconstrua um relacionamento enfraquecido.
- Torne-se a pessoa mais positiva e entusiasmada que você conhece.
- Guarde segredo, qualquer que seja.
- Dê às outras pessoas mais do que elas esperam e faça isso de maneira agradável.
- Conquiste seu sucesso com base no serviço para os outros e não à custa dos outros.
- Elogie publicamente; critique em particular.

Aqui estão outras ideias para gentilezas tangíveis que podem agradar os receptores. A chave é manter as ideias espontâneas e autênticas para você, e significativas para quem as recebe.

- Flores com "Bem-vindo à equipe" no primeiro dia de trabalho.
- Almoço de boas-vindas para conhecer os novos colaboradores.
- Coloque algum sinal na entrada com o nome do novo colaborador.
- Coloque à mostra os prêmios e certificados do colaborador no Hall da Fama ou no web site da empresa.
- Retribua com ingressos de cinema um trabalho bem-feito.
- Escreva uma carta para a companheira ou o companheiro do colaborador ou da colaboradora em questão, agradecendo pelo seu apoio, que possibilita que o(a) colaborador(a) realize bem o seu trabalho.
- No dia em que um novo colaborador ou uma nova colaboradora começar a trabalhar, envie flores ou outra lembrança adequada para a sua companheira ou para o seu companheiro.
- Distribua algo significativo como símbolo de reconhecimento imediato. Uma coisa interessante, nos EUA, são as notas de US$ 2. Sim, elas ainda existem, e exercem um fascínio extraordinário. Por algum motivo, uma nota novinha de US$ 2 tem muito mais que o dobro do impacto de uma de US$ 1; e se ela for assinada, terá um impacto ainda maior. O colaborador irá fixá-la em seu local de trabalho como um lembrete daquele seu gesto.

- Alivie o estresse no local de trabalho, celebrando feriados que geralmente não são comemorados, ou o "Dia de... (alguma coisa que julgue interessante comemorar, e que considere adequada ao local em que trabalha)".
- Reconheça os feitos, não apenas os principais realizadores.
- Faça cartões de visita listando as realizações do colaborador.

A mais importante forma de reconhecimento é simplesmente perceber o trabalho. Afinal, todos esses gestos são importantes. Mas os gestos são memoráveis enquanto sinalizam o que é verdadeiramente fundamental: que você, o líder, reconheça e agradeça as contribuições individuais das pessoas que olham para você em busca de liderança.

6
Gentilezas de escutar

Coragem é o que é necessário para levantar-se e falar.
Coragem é também o que é necessário para sentar-se e escutar.

WINSTON CHURCHILL

Fusões e aquisições são um fato desafiador e cada vez mais importantes no mundo dos negócios. Praticamente, todas as fusões e aquisições de empresas abertas são justificadas com base nas promessas de sinergias estratégicas e diminuição de custos. O valor dos negócios fundidos é sempre divulgado como sendo maior que as somas das partes. A realidade é que, para alguns depositários, o valor é menor. Quanto à diminuição de custos, ela pode ser real, mas os custos em termos humanos podem ser substanciais.

Fusões e aquisições são um desafio porque é muito difícil enredar duas culturas corporativas diferentes em uma. A dificuldade é ainda mais complexa quando as partes encaram a realidade: muito frequentemente, as culturas que serão conciliadas amanhã em uma equipe organizada eram até ontem concorrentes implacáveis. Tratar do fator cultura exige planejamento e comunicação extensivos, ambiente de expectativa confiante e sensibilidade. Formar a base de todas essas ferramentas é a gentileza de escutar – escutar mesmo – as pessoas em ambos os lados da transação.

Esta lição chegou bem perto de mim em 1988. No primeiro dia de abril daquele ano, a empresa privada de colocação de profissionais, Lee Hecht Harrison teve seu controle assumido pela Adecco, a maior empresa de preenchimento de vagas do mundo. As negociações ora concluídas ora não-concluídas duraram mais de sete meses. As pausas de "não-concluídas" tinham muito pouco a ver com os termos financeiros da negociação. Tudo estava relacionado a uma questão de sensibilidade e ansiedade dos três sócios da LHH, enquanto tentávamos proteger a cultura que havíamos construído durante muitos anos. O negociador-chave do lado da Adecco foi seu diretor de Fusões e Aquisições (Mergers and Acquisitions – M&A), John Hamachek. John era claro, intenso e brilhante em finanças, com um forte senso de integridade. Nem uma conversa trivial nem um notável senso de humor atravessavam seu estilo de negociação.

Meus sócios e eu estávamos preocupados com diversos assuntos culturais que não tinham nada a ver com os termos financeiros. Bob Lee, Bob Hecht e eu trabalhamos juntos, identificando todas as nossas preocupações não-financeiras a respeito da aquisição que estava por acontecer. Então, eu liguei para John e disse que tínhamos algumas questões e perguntei-lhe se poderia nos visitar e deixar sua calculadora para trás.

John nos surpreendeu com sua imediata boa vontade em comparecer e sentar-se conosco. Reservei uma sala de conferências em um hotel próximo por dois dias, antecipando completamente que nós precisaríamos de pelo menos aquele tempo para amenizar nossas ansiedades e preocupações. A reunião começou às 9 da manhã e avançou até a hora do almoço. Para surpresa de nós três, aquele negociador duro de repente transformou-se em um sócio genuinamente preocupado, aberto e sensível, que demonstrou seu zelo para compreender o que nós tínhamos a dizer. John, com seu notebook desligado, se recostou e manteve contato visual. E não nos interrompeu em nenhum momento. Sua capacidade de empatia foi tamanha, que ele até levantou questões importantes que nós mesmos não havíamos previsto.

Até o momento em que o almoço se desenrolava, meus sócios e eu estávamos ficando sem perguntas e sem assunto. Nós estávamos mais do que satisfeitos, e agradecemos a John por sua boa vontade em tranquilizar nossas cabeças. Nossas preocupações relacionadas a ajuste de culturas, questões sobre carreiras pessoais, autonomia e segurança do emprego para nosso pessoal foram mais do que aliviadas. Nós renovamos nosso compromisso de avançarmos com a negociação.

No dia seguinte ao anúncio da aquisição, o presidente da Adecco USA, disse que viria a Nova York para encontrar-se comigo e com as pessoas que se reportavam diretamente a mim. A minha primeira reação foi de ansiedade e desconfiança. Apesar do tempo tranquilizador com John Hamachek, eu previa que nossa lua-de-mel terminaria mais cedo e que nós logo receberíamos ordens para sairmos de nossa sede.

Na data marcada, o CEO agendou um dia inteiro fora da empresa, no Yale Club. Meu comitê executivo e eu nos encontramos com ele em uma pequena sala de conferências no famoso local. Ele nos recebeu e, pessoalmente, arranjou as cadeiras em um pequeno semicírculo e se colocou no centro. Depois, ele nos disse que ficássemos à vontade para perguntar-lhe qualquer coisa – literalmente qualquer coisa que quiséssemos saber sobre a empresa, sua administração, suas estratégias e a razão física para a aquisição. Ele também nos convidou a fazer perguntas sobre sua vida pessoal. Ele disse que queria ouvir sobre nossas vidas, famílias, interesses, esperanças e preocupações. À medida que as perguntas se desenrolavam, eu me admirava ao perceber que não havia, virtualmente, conversas sobre fatia de mercado, orçamentos e políticas. Em vez disso, nós falávamos a respeito de nosso setor e do porquê de nós o termos escolhido e sobre como poderíamos trabalhar juntos como um time para tornar nossa experiência mais significativa.

Naquele dia, nós observamos a Adecco honrar a única promessa que pedimos a ela: ser nosso parceiro estratégico, não apenas nosso chefe corporativo. A relação está no seu décimo nono ano, todos eles produtivos. Acredito que a fusão funcionou, em parte, porque a Adecco criou o tempo para nos escutar nessas reuniões iniciais, o que deixou uma memória permanente de uma primeira gentileza.

Escutar é a essência das reuniões eficazes e dos encontros interpessoais de todas as variedades: individuais, em grupo e na forma de conversas telefônicas. Escutar significa mais do que nos juntarmos e compreendermos as informações. Escuta – e, mais criticamente, escutar *perceptivelmente* – é um sinal de respeito. Qualquer um consegue melhorar seu nível de desempenho pensando estrategicamente sobre escutar e praticar habilidades eficientes de escutar.

Todos nós estimamos os benefícios de escutar com qualidade. Depois da sobrevivência física, a maior necessidade dos seres humanos é a sobrevivência psicológica – ser compreendido, ser confirmado, ser validado e ser estimado. Nós não identificamos os melhores momentos nos negócios quando temos provas de que fomos verdadeiramente escutados? Nós escutamos os outros durante toda nossa vida, então podemos ser perdoados por assumirmos que já sabíamos como escutar. Na verdade, muitos de nós prestamos pouca atenção à qualidade do nosso escutar. Especialmente nas situações de negócios, estamos muitos distraídos ou muito ocupados planejando o que vamos dizer depois ou pensando sobre o quadro geral ou as possíveis implicações das situações para prestar atenção no que alguém está dizendo.

Aqui estão algumas gentilezas de escutar. Muitas delas podem parecer óbvias, mas todas contribuem para um sentido de que ou você está escutando de verdade ou está sendo ouvido de verdade.

NÃO ASSUMA QUE VOCÊ DEVERIA FALAR MAIS

Falar menos é a coisa apropriada – e mais eficiente – a se fazer. Esteja você conversando com um cliente, resolvendo um problema com um colega, ou negociando com um fornecedor, raramente significa que suas metas serão cumpridas de melhor maneira se você falar mais. De fato, escutar é, de longe, a abordagem mais eficaz em cada um desses casos.

APLIQUE A REGRA DOS 60 SEGUNDOS

Em uma conversa individual, a maioria das pessoas realmente não escuta por mais de 60 segundos. Sim, o que você tem a dizer é importante. Não, você não consegue tratar do seu assunto com justiça em 60 segundos. Tudo bem. A regra dos 60 segundos diz que você deve dividir seu assunto em pensamentos que possam ser expressos em 60 segundos ou menos. Se alguém estiver interessado no que você fala durante os primeiros 60 segundos, essa pessoa fará uma pergunta, e, então, você poderá continuar por mais 60 segundos, e assim por diante. Assim, você terá uma conversa em vez de uma palestra ou um monólogo.

RESISTA À TENTAÇÃO DE INTERROMPER

Exceto se for para comunicar um incêndio, nunca é bom interromper alguém que esteja falando com você. Isso inclui interromper as pessoas mesmo se for para concordar com elas. Espere até que elas terminem de apresentar seus pontos antes de falar. Não as interrompa com as suas sugestões antes que elas expliquem o que já fizeram, planejam fazer ou tenham pensado fazer.

Se você ocupa uma posição de maior autoridade ou prestígio, qualquer interrupção será vista como um sinal que você está reivindicando seu poder. Se você o fizer, eliminará muitos dos benefícios de escutar. Nos piores casos, as pessoas podem até sonegar-lhe importantes informações. A melhor maneira de prevenir um resultado contraproducente é melhorar qualquer uma das seguintes faltas de gentileza de escutar:

- criticar as pessoas ao intrometer-se em suas situações;
- fazer caretas ou emitir sons de reprovação;
- "resolver" seus problemas com uma rápida sugestão;
- interrogá-las para fazer com que cheguem a uma conclusão predeterminada;
- tentar animá-las, dizendo que as coisas não são tão ruins.

VALORIZE O SILÊNCIO

Respeitar o silêncio nas conversas é uma gentileza. Algumas pessoas precisam fazer pausas significativas numa conversa para refletirem e colocarem seus pensamentos em palavras. Isso não as faz lentas ou estúpidas; ao contrário, seu conforto com o silêncio pode ser uma marca de inteligência.

Existe um executivo que eu respeito por seu estilo reflexivo. Vamos chamá-lo de Bill. Todos, consequentemente, descrevem Bill como sábio, prudente ou criterioso. A palavra operadora é "consequentemente". Eu percebi que muitos colegas eram, muitas vezes, impacientes para conseguirem o melhor daquele executivo. Pois, para conseguir o melhor de Bill, você teria de tolerar um pouco de silêncio enquanto ele refletia. Infelizmente, para muitos executivos, mesmo cinco segundos de silêncio são intermináveis. Eu percebi que, nas reuniões com Bill, as pessoas preenchiam suas pausas com perguntas, comentários, piadas – qualquer coisa para evitar aquele silêncio pavoroso. Quando um novo MBA entrou no seu departamento, ele estava tão desesperado para atingir seu sucesso, que usava as pausas de Bill como uma abertura para dar suas opiniões.

Em meses, no entanto, ele percebeu que se ficasse quieto durante aquelas pausas, aprenderia muito mais.

PROCURE COMPREENDER ANTES DE TENTAR SER COMPREENDIDO

Este é o quinto dos *Seven Habits of Successful People*, de Stephen Covey. É difícil superestimar a importância de tentar compreender antes de tentar ser compreendido. Esse hábito é a base das relações autênticas e é uma gentileza de escutar eficiente que desarma os antagonistas e transforma as pessoas à sua volta em aliados. Essa pode ser a técnica mais eficaz de aprendizado disponível, porque exerce poder sobre seu círculo de influência. Por quê? Porque antes de tentar influenciar os outros, você mesmo deve ser influenciável.

NÃO FAÇA PERGUNTAS PARA AS QUAIS VOCÊ JÁ TEM A RESPOSTA

Algumas vezes, nós fazemos declarações com um ponto de interrogação no final. Elas não são verdadeiras perguntas, mas sim nossas opiniões ou decisões disfarçadas de perguntas. Estou falando de "perguntas" tais como "Você acha que devemos considerar terceirização?" quando você já decidiu que a terceirização é o caminho. Essas "perguntas" não vão enganar ninguém. Elas são desrespeitosas e ineficientes. Se você tem um plano – se você acredita que a terceirização é o caminho – é muito melhor simplesmente declarar sua posição diretamente. Não há nada errado em ter o plano. O problema é tentar disfarçar isso fazendo perguntas que você espera que levem as pessoas a chegarem à sua conclusão predeterminada. Quando você tem uma resposta, talvez seja a hora de encontrar melhores perguntas.

Apresso-me em acrescentar que estou falando sobre situações nas quais você deseja as opiniões sinceras dos outros. Em outros casos, é vital que você saiba as respostas das perguntas que faz. Advogados conduzindo um depoimento ou um interrogatório são bem informados para fazerem somente perguntas das quais eles tenham a resposta.

CADERNO ABERTO, MENTE ABERTA

Você já notou que algumas pessoas vão para as reuniões levando um caderno ou bloco de anotações, mas que nunca os abrem? Quando vejo isso, penso, "Caderno fechado, mente fechada". Elas estão sinalizando que não estão ali para aprender nem para dialogar.

Então, quando você for a uma reunião ou quando for ao escritório de um colega buscar uma opinião sobre um projeto ou assunto de trabalho, aqui vai uma gentileza sutil que fará toda a diferença. Leve um caderno e abra-o. Se estiverem somente você e a outra pessoa, peça permissão para tomar notas. Depois, escute. E, então, faça uma anotação, ou duas... ou três. Não como um agente do FBI, mas como alguém que está aprendendo, um sócio na pesquisa. E depois leia a anotação e pergunte se o que você escreveu foi o que o colega quis dizer. Raras são as conversas que não resultam em pelo menos um pensamento interessante. Escreva-o. Deixe claro pela sua linguagem corporal que você está nisso para a sua educação e para o bem-estar da organização. Seus colegas esperarão que você volte.

TENHA UM ENCERRAMENTO DE CONVERSA APROPRIADO

Há inúmeras maneiras de se encerrar uma conversa, mas, na minha opinião, não há nada mais apropriado do que "Há alguma outra coisa com a qual eu possa ajudá-lo?" ou "Há alguma outra coisa que eu possa fazer por você?" A resposta dá a você uma última oportunidade de escutar o que as pessoas têm a dizer em resposta a uma pergunta aberta e altruística. Frequentemente, os últimos comentários são os mais lembrados, porque eles são a última coisa que as partes ouvem. Deixe sempre a outra parte dar a última palavra.

EXISTE HORA CERTA PARA FAZER MULTITAREFAS

"Fazer duas coisas de uma só vez é não fazer nenhuma", já declarava Publius no seu sétimo axioma, por volta do ano 42 a.C. Você até pode achar que consegue escutar alguém e checar seu e-mail ao mesmo tempo. Mas, acredite, você não consegue. Escutar é trabalho em período integral.

O quê? Você realmente consegue escutar os outros enquanto faz outras coisas? Tudo bem, eu acredito. Mesmo assim eu digo, não faça isso. A percepção de que você não está dando toda a sua atenção a alguém irá enfraquecer qualquer eficiência que você espere atingir. As pessoas estão intensamente ligadas a qualquer sinal de desrespeito. Elas percebem quando você não está escutando atentamente. Resumindo, dar às pessoas completa atenção é uma gentileza, mas elas, legitimamente, se ofenderão se você se comprometer em fazer isso e não cumprir.

Vivemos em um mundo complexo de restrição de tempo, onde a velocidade é uma vantagem competitiva. E não nego que a capacidade de fazer muitas coisas simultaneamente possa ser necessária. Tudo isso é uma questão de tempo e escolhas. Organize sua mesa enquanto você é colocado na espera ao telefone. Leia a mais recente revista de negócios enquanto você estiver na esteira. Mas não faça nada além de escutar quando alguém estiver falando com você.

NADA DE CONSELHOS

Muitas pessoas me pedem conselhos sobre negócios. A minha tendência é fazer as perguntas antes de respondê-las. Eu peço que me contem mais a respeito da sua situação; ofereço-me para indicar opções ou complicações que podem não ter sido levadas em consideração. Mas tento não oferecer conselhos no sentido de dizer às outras pessoas: "Isto é o que você deveria fazer". Conselhos podem diminuir o poder.

Quando as pessoas lhe pedem conselhos, elas realmente querem algo importante de você, e pode não ser necessariamente uma recomendação sobre o que elas devem fazer. O que elas geralmente querem é um pouco de espaço, de maneira que elas possam pensar em voz alta, enquanto imaginam o que é importante para elas. Dando sequência ao processo, pergunte: "Quais outras opções você já levou em consideração?". Reflita sentimentos: "Você parece assustado". Desafie suposições: "Quando você passou a acreditar pela primeira vez que...?". Lembre-as de que elas estão na melhor posição para tomar decisões.

Se elas pedirem informações que você tem, dê a elas ou, melhor ainda, diga a elas onde as podem localizá-las. Encontre uma maneira de sugerir opções que podem não ter sido levadas em consideração ou consequências que elas podem não ter previsto. Acima de tudo, ofereça a elas sua mais completa atenção, de maneira que elas possam pensar em voz alta na presença de alguém em quem elas confiem. Escute. Você se surpreenderá com quantas vezes elas chegam a uma boa decisão. Além disso, uma decisão que é reconhecida dessa maneira tem uma chance melhor de ser implementada com sucesso.

"FICO IMAGINANDO..."

Uma das maneiras mais inteligentes e apropriadas de fazer com que alguém fale de maneira que você possa escutar é usando as palavras "fico imaginando..." No seu livro *Plain Talk*, o CEO da Nucor, Ken Iverson, descreve como essas duas palavras podem ser aplicadas por um gerente para refinar um sistema de remuneração de uma organização, talvez o processo mais resistente a mudanças em qualquer corporação:

- "Fico imaginando se nós não conseguiríamos encontrar maneiras de conseguir um pouco mais de motivação e produtividade em retorno por nossos gastos com remuneração."
- "Fico imaginando quantas pessoas aqui se sentem verdadeiramente desafiadas e inspiradas, dia após dia, pelas oportunidades de ganho que atualmente oferecemos a elas."
- "Fico imaginando se os colaboradores veem uma ligação estreita entre o quanto eles trabalham duro todos os dias e o quanto nós os remuneramos por seu trabalho."
- "Fico imaginando se nós conseguiríamos encontrar medidas de produtividade tangíveis para grupos de pessoas, de modo que nenhuma das medidas fosse aplicável para os indivíduos."
- "Fico imaginando se a nossa abordagem para a remuneração poderia estar um ou dois passos atrás das mudanças que estamos tentando fazer... Se essa é a melhor abordagem para alavancar nossas iniciativas sobre o trabalho em equipe, inovação e redução do ciclo de tempo."

Quando você começa uma conversa dizendo "fico imaginando...", você incentiva as pessoas a participarem com você de um tópico que, idealmente, também é do interesse delas. Abordando o tópico dessa maneira, você sinaliza uma mente aberta que acolhe comentários reflexivos e fragmentos de soluções. A expectativa é que as respostas para as frases do tipo "fico imaginando..." não serão avaliadas insensivelmente.

Deixe-me esclarecer bem: gentilezas exigem que as pessoas que usam a frase "fico imaginando..." estejam genuinamente abertas para imaginar. Elas não podem estar decididas antes de perguntarem. Esta fórmula oferece a abertura para as ideias das outras pessoas, não as suas.

O ESCUTAR EXECUTIVO

A manifestação "fico imaginando..." de Iverson é um dispositivo de escutar que, como os outros neste capítulo, pode ser usado por qualquer pessoa em qualquer nível e numa variedade de ambientes. À medida que subimos na hierarquia corporativa, escutar, muitas vezes, se torna mais difícil. Os executivos sempre têm mais exigências de seu tempo, mais pessoas sob sua responsabilidade, e assuntos cada vez mais complexos. Muitas vezes, o poder cria obstáculos para as oportunidades de escutar. Os executivos no topo das organizações não apenas têm de praticar as habilidades e as gentilezas cobertas neste capítulo, mas também têm de ajustar suas atitudes e, conscientemente, se colocar disponíveis para escutar. O próximo capítulo trata das gentilezas que permitem que nós sejamos executivos acessíveis e abordáveis.

7

Gentilezas de humildade executiva

É muito mais comovente quando os outros
descobrem suas boas qualidades sem a sua ajuda.

AUTOR DESCONHECIDO

Em 1971, eu estava no meu sétimo ano de vida corporativa, empregado por uma divisão da Tenneco, Inc., baseada em Houston, uma das empresas de energia mais promissoras da época. Os negócios eram concentrados em óleo, transmissão de gás, produtos petroquímicos e plásticos. A empresa também era a proprietária da Newport News Shipyard, que construía os maiores porta-aviões e submarinos do mundo. Ela possuía milhares de acres em terras no Condado de Kern, na Califórnia, onde amêndoas e uvas passas eram produzidas.

A Tenneco era um reflexo do Texas. Era grande; tudo ali era enorme, dos escritórios aos banheiros. Os executivos eram texanos grandes, um mais alto do que o outro. O CEO parecia ter vindo direto do departamento de contratação de atores, um executivo alto, esbelto, de cabelos grisalhos. Ele era refinado, elegante – o modelo do significado de executivo.

Como gerente de divisão, eu fiquei surpreso, mas feliz, por ser convidado a participar da conferência de três dias da Tenneco, no grande centro de conferências em Columbia Lakes, subúrbio de Houston. Duzentos e cinquenta executivos foram convidados para a apresentação especial do presidente. A palestra de David Ellis havia sido anunciada como a primeira oportunidade para conhecer o plano estratégico quinquenal da Tenneco.

Com menos de cinco minutos de palestra, Ellis levantou os olhos das suas anotações, fez uma pausa longa, fechou sua pasta, e disse: "Eu não quero falar sobre a estratégia da Tenneco. Eu quero falar sobre algo mais importante. Quero falar sobre a arrogância executiva. Nenhum plano estratégico será realizado em uma empresa onde a arrogância executiva prolifera".

Ellis nos contou que uma vez ele ligou para o vice-presidente de remuneração e benefícios da Tenneco e que foi "brecado" por uma assistente bem-intencionada. "Posso saber o motivo da ligação?", ela perguntou. Ellis se identificou como o CEO e perguntou à assistente se seu chefe estava no escritório. A resposta foi "sim". Ellis perguntou se ele estava ao telefone ou em uma reunião. A resposta foi nenhum dos dois. Ellis, então, pediu à assistente que esperasse na linha. Ele saiu do seu escritório, desceu um andar pelas escadas e entrou na área da vice-presidência.

A assistente ainda estava esperando na linha, com a cara pálida, enquanto Ellis entrou na sala. Ele sorriu para a assistente para mostrar que não estava irritado com ela. Sem bater, ele entrou no escritório do vice-presidente. "Olhe só, você está aqui! Seu telefone irá tocar em três minutos. Serei eu". Então, Ellis virou-se e voltou para o seu escritório.

Quando o telefone tocou, o vice-presidente atendeu imediatamente. "Muito bem, você atendeu seu telefone. Assim é melhor". Ellis nos contou que pediu ao vice-presidente que considerasse o impacto adverso de produtividade como algo associado com a frequente prática de selecionar as ligações recebidas.

Essa foi a primeira vez que eu ouvi a expressão "arrogância executiva", e essas palavras ficaram gravadas na minha mente desde então. Muitos líderes deixam sua autoridade subir às suas cabeças. Ela produz um sentido de direito de posse. Tudo o que esse comportamento faz é distanciar esses executivos de seus colegas e clientes e, no final de tudo, de seus negócios. Por mais que possa inflar seus egos, a arrogância esvazia outros em volta deles.

Arrogâncias podem assumir vida própria. A Bethlehem Steel, uma gigante do aço, estava perdendo mercado na década de 1970, relata John Strohmeyer em seu livro *Crisis in Bethlehem*, mas não evitou que seus executivos construíssem um campo de golfe para executivos durante sua crise financeira. Quando os gerentes começaram a reclamar, os executivos não perderam tempo em responder à reclamação. Eles construíram um *segundo* campo de golfe para os gerentes. Após previsível crítica por parte dos sindicatos e trabalhadores, os executivos construíram um *terceiro* campo para os colaboradores comuns. Isso aconteceu na época que o setor de aço dos Estados Unidos estava perdendo mercado e cortando empregos. "Imagine construir *três* campos de golfe apenas para lembrar a todos onde eles se encontram na hierarquia corporativa!", indignou-se Ken Iverson, da Nucor (o itálico é dele). "O que isso diz sobre os valores e a cultura corporativa da empresa?"

Não há nada inevitável a respeito do privilégio executivo e da arrogância executiva. Um não tem de, necessariamente, acompanhar o outro. O Capítulo 11 apresenta cinco executivos que desdenham todo tipo de arrogância executiva e nem por isso são líderes menos eficientes. Eles reconhecem que a arrogância é contraproducente nas organizações horizontalizadas.

GENTILEZAS AO TELEFONE

Desde que eu apresentei a ideia de arrogância executiva com a história de Ellis sobre a triagem de ligações, gostaria de falar sobre como executivos conseguem demonstrar acessibilidade e respeito pelos outros por meio de práticas ao telefone.

A menos que eu esteja em outra conversa telefônica ou em uma reunião com alguém, sempre atendo pessoalmente minhas ligações. É um número errado ocasional ou um vendedor insistente? Certamente. Mas nada supera o compromisso em reduzir a arrogância. Não há surpresas: uma vez que todos sabem que essa é a sua prática, as pessoas se tornam mais criteriosas em relação a suas decisões de terem suas ligações selecionadas. E com relação à mensagem que quero passar aos que telefonam, aqui vai: considero a sua ligação muito importante e não quero fazer com que perca o seu tempo tratando com um intermediário. Porém eu quero que você respeite o meu tempo. Isso significa identificar-se imediatamente, ir direto ao assunto e, se eu disser que não estou interessado, respeitar minha decisão.

Tudo isso está relacionado a reputação. As pessoas acabam comentando e o assunto se espalha. Atender suas ligações não é um ato isento de custo, mas continua sendo um gesto simples que reforça o compromisso com uma cultura aberta, confiante e apropriada.

ANFITRIÕES E CONVIDADOS

Em qualquer interação social – e o trabalho é um reservatório de interações sociais – é importante estar consciente se você está operando como anfitrião ou como convidado. Há expectativas para cada papel, e maldito seja o gerente que falha em compreender tal distinção. Há diferenças verdadeiras entre as regras sociais que se aplicam dentro e fora do escritório, mas as regras são, muitas vezes, indistintas e confusas. Muitos dos conflitos interpessoais no trabalho podem estar relacionados à confusão com relação às obrigações de anfitrião/convidado.

Em muitos casos, gerentes agem como anfitriões. Quando você convoca uma reunião, você age como um anfitrião. E se você é um anfitrião, as pessoas que participam da reunião são seus convidados. Em algum nível, elas esperam ser tratadas como convidados. Isso é verdade mesmo em reuniões nas quais o comparecimento é obrigatório. Os deveres de um anfitrião, no trabalho e em qualquer lugar, são fazer com que os convidados se sintam bem-recebidos. Se o comparecimento a uma reunião exige que os convidados tenham de colocar a mão no bolso, é dever do anfitrião reembolsá-los.

É claro que convidados no escritório também têm responsabilidades. O primeiro dever de um convidado é o de responder imediatamente ao convite. Outras responsabilidades incluem chegar no horário, vestir-se adequadamente e participar ativamente.

Depois da faculdade e do exército, tornei-me um gerente de relações de trabalho para uma divisão da Tenneco, operando amplamente nas regiões carvoeiras da Pensilvânia. Muitos dos meus primeiros anos de trabalho giraram em torno de reuniões com sindicatos trabalhistas – reuniões de reivindicações, arbitramentos, negociações, e reuniões para resolver greves não-autorizadas. Uma vez que as reuniões envolviam partes litigantes em processos contestantes, elas eram mais ou menos amargas. Mas, pelo menos, eram longas e formuladas.

Na década de 1960, o nordeste da Pensilvânia tinha mais que sua parcela de sindicalistas frustrados, exigentes e, muitas vezes, nervosos. O mundo que eles conheciam estava chegando ao fim. As minas de carvão estavam fechando e o desemprego no setor estava bem acima dos 20%. Muitas esposas tiveram de se tornar a principal fonte de renda da família, trabalhando nas confecções locais, o que aumentava a sensação de humilhação daqueles orgulhosos ex-mineiros.

A primeira reunião de verdade que eu organizei sozinho foi uma de reivindicações do sindicato. Cheguei alguns minutos atrasado, para encontrar seis ou sete rapazes musculosos, membros do Local 401, da Irmandade Internacional dos Caminhoneiros, sentados à mesa, com expressões nada amistosas. A maioria dos homens fumava charutos baratos e nojentos. Felizmente, não me ofereceram nenhum. Os rapazes (todos eram rapazes) estavam claramente cansados e suados pelo dia inteiro dirigindo carretas para e de Nova York e Filadélfia. O maior e mais musculoso do grupo era Leo, o agente comercial do sindicato local.

Nós debatemos e discutimos sobre os assuntos por pelo menos duas horas. No final, eu tinha marcado todos os itens da agenda como verificados. Quando ficou claro para mim que todos os itens haviam sido cobertos, eu agradeci aos membros do comitê de reivindicações, fechei meus livros e levantei-me para ir embora.

"Aonde você pensa que vai?", disse Leo.

"Bem", resmunguei, "nossa reunião terminou. Nós cobrimos todos os itens da pauta".

Leo não estava escutando minha desculpa. "Você está nos abandonando?", ele gritou.

"Não", eu disse, enquanto colocava minha pasta no chão e recostava na minha cadeira.

"É claro que está! Parece que tudo o que você aprendeu na faculdade de bacana onde estudou foi Insultar as Pessoas do 401".

Mais tarde eu percebi que Leo estava, principalmente, dificultando as coisas para o garoto novato, mas havia uma lição duradoura embutida em todo aquele tumulto. Eu aprendi algo que nunca esqueci naquele dia de abril em 1964. Eu adotei o princípio que, para qualquer reunião que convocasse, eu seria o primeiro a chegar e o último a se levantar e sair. Decidi que essa prática é um sinal sutil de humildade e respeito – uma pequena gentileza tão poderosa quanto um aperto de mão. Ser um anfitrião de verdade, nas reuniões que convoco, é demonstrar que eu não me considero melhor do que aqueles que convidei.

ADAPTE O AMBIENTE

Trinta anos mais tarde, eu aprendi uma lição diferente sobre dinâmica de reuniões com Ray. A Lee Hecht Harrison estava em uma intensa concorrência com duas outras empresas de recursos humanos para a aquisição de uma desejada empresa de colocação de profissionais localizada em Nova Jersey. Ray estava encarregado de conseguir fechar o negócio. O proprietário da empresa-objeto decidiu que era chegado o momento de divulgar para a sua equipe de gerenciamento que as discussões sobre a aquisição estavam em andamento. Então, ele convocou uma reunião conosco e seu pessoal-chave. O objetivo da reunião era tratar de suas compreensíveis preocupações.

Quando entramos, percebemos imediatamente que o clima era tenso e que os participantes estavam muito ansiosos. Havia sete colaboradores e todos eles estavam sentados do mesmo lado de uma longa mesa de reuniões, deixando lugares vazios do outro lado para nós três. Depois das apresentações e algumas observações de abertura por parte do proprietário da empresa, Ray interrompeu e perguntou: "Eu poderia sugerir um arranjo diferente para o modo como estamos sentados? Se o negócio for concluído, nós estaremos trabalhando bem próximos, como um time integrado. Então, por que não começar agora?". Com isso, ele rearranjou as cadeiras de maneira que aquela configuração "nós-contra-eles" deixou de existir.

Dois meses mais tarde, a aquisição estava consumada. Nós, consequentemente, soubemos que as três ofertas eram muito próximas. Também soubemos que nós, na verdade, não oferecemos o preço absoluto mais alto. No entanto, a oferta aceita pela empresa foi a nossa. O que fez com que a balança pendesse em nosso favor aos olhos da empresa de colocação de profissionais menor, foi o gesto de respeito na posição dos assentos realizado por Ray, e o forte e inclusivo simbolismo que isso representou. Nos anos seguintes, utilizei esta abordagem muitas vezes e, mais importante, participei de reuniões que meus colegas haviam marcado, nas quais eles fizeram a mesma coisa. Isso sempre tem o efeito de reduzir os assuntos "nós—eles", enquanto aumenta a colaboração e o sentido de que "todos nós estamos juntos nisso". Rearranjar os lugares é uma pequena gentileza que permite que um líder esteja com a equipe de trabalho, e não contra ela, o que favorece a integração em relação à separação e ajuda a chegar a um resultado de "ganhar ou ganhar".

REALIZE O TRABALHO DE UM COLABORADOR POR UM DIA

Era um pouco antes do Natal e a recepção do banco em Chicago estava lotada com pessoas que tinham ido às compras. Muitos deles olhavam curiosos para uma linha de atendentes de caixa, todos homens de meia-idade vestidos com ternos. O que acontecia era que os gerentes tinham dado o dia de folga para os atendentes de caixa e estavam eles próprios realizando o trabalho dos caixas naquele dia. Você não tem de esperar pelo Natal e nem tem de fazer disso um grande programa departamental. Se você valoriza um colaborador e pode, razoavelmente, realizar seu trabalho, dê-lhe o dia de folga assuma o seu serviço.

Alguns vice-presidentes trabalharam turnos como recepcionistas. Na verdade, há vários benefícios nessa prática, acima e além do reconhecimento de colaboradores individuais. Como você acha que os colaboradores se sentem quando veem o vice-presidente sendo, voluntariamente, o recepcionista por um dia?

Também concluímos que saber como realizar determinados serviços traz benefícios para os gerentes. Antes de Charles Schwab promover alguém como gerente de filial, essa pessoa deveria ter experiência prática em, virtualmente, todos os aspectos do negócio, desde tirar pedidos em um call-center até receber os fregueses nas lojas. A PepsiCo exige que novos MBAs gerenciem restaurantes de fast-food nos bairros mais perigosos antes de assumirem cargos no desenvolvimento de estratégias, marketing ou finanças. Se você mantiver essa prática informal, em pequena escala, e espontânea, terá demonstrado que não está acima dos outros e também terá realizado um nível mais alto de gentileza.

DIVIDA O CRÉDITO, ACUMULE A RESPONSABILIDADE

Quando as coisas vão bem, divida o crédito. Quando as coisas vão mal, seja conhecido como alguém que é responsável. Haverá tempo para resolver o problema e aprender com ele. Mas seja conhecido como alguém cujo primeiro instinto é resolver o problema, em vez de tentar saber de quem é a responsabilidade por ele. O Capítulo 11 descreve cinco executivos que elevam as pequenas gentilezas a um status de arte. Todos eles são mestres em dar crédito a pessoas que não sejam eles mesmos.

NÃO HÁ PROBLEMA ALGUM EM MOSTRAR A DÚVIDA QUANDO VOCÊ ESTÁ EM DÚVIDA

Ocasionalmente, e quando é autêntico, não há nada de errado se um líder disser que não sabe ou que está em dúvida com alguma coisa. Grandes decisões começam com grandes pessoas que têm a coragem de dizer "eu não sei". A sabedoria convencional sugere que qualquer líder estará condenado se não projetar certeza absoluta em suas decisões ou convicções. Mas a verdade é que a liderança exige um equilíbrio dinâmico de certeza e dúvida. Quando você não souber, diga.

Em *Seven Habits to Highly Effective People*, Stephen Covey conta uma história ilustrando que a certeza nos líderes não é sempre uma virtude. Dois encouraçados estavam no mar em manobras durante mau tempo. O capitão do encouraçado-chefe estava de vigília quando a noite veio. Os navios estavam navegando em nevoeiro denso, o que tornava a visibilidade ruim. Então, o vigia na ala da ponte relatou: "Luz, na posição de proa a estibordo".

"Está fixa ou movendo-se em direção à popa?", perguntou o capitão.

"Fixa, Capitão", veio a resposta, confirmando que eles estavam em um curso perigoso.

O capitão avisou o sinaleiro: "Sinalize àquele navio, e diga a eles: 'Estamos em um curso de colisão, mude o seu curso em 20 graus'".

"Mude o seu curso em 20 graus", veio a resposta.

O capitão disse: "Envie outra mensagem: 'Eu sou o capitão. Mude seu curso em 20 graus'".

"Eu sou um marinheiro de segunda classe", foi a resposta. "Peço que mude seu curso em 20 graus".

Agora, furioso, o capitão fala: "Envie esta mensagem: 'Mude o curso em 20 graus. Eu sou um encouraçado'".

Da luz flamejante vem a mensagem: "Eu sou um farol".

TORNE-SE ACESSÍVEL

Humildade é o oposto de arrogância, e parte da humildade é saber que você não tem todas as respostas. As pessoas ao seu redor também têm boas ideias, mas você tem de descobrir uma maneira de estar acessível a elas, em todos os níveis da empresa, de maneira que possa escutar suas ideias. Humildade é também uma ponte para a colaboração, outra importante característica da liderança. Aqui vão algumas maneiras em que diferentes líderes e empresas exibem a humildade e a importância da colaboração.

Participe do café da manhã mensal de aniversário

O CEO da Cisco Systems, John Chambers, está preocupado em manter as linhas de comunicação abertas entre ele e os colaboradores da Cisco. Então, durante os últimos 10 anos, Chambers realizou um café da manhã mensal de aniversário, com duração de uma hora. Todo colaborador da Cisco que fizer aniversário naquele mês pode comparecer e pedir qualquer coisa ao CEO. Para tornar o diálogo o mais sincero possível, nenhum diretor ou vice-presidente pode comparecer. "É assim que eu fico sabendo o que está funcionando e o que não está", diz Chambers.

Esteja disponível no almoço

Anuncie que, em um dia normal, em determinada hora e em um lugar específico – digamos, no refeitório da empresa, todas as quintas-feiras ao meio-dia – você terá uma mesa disponível com almoço, ao qual todos serão bem-vindos. John Kador, presidente do Rotary Clube de Geneva, Illinois, experimentou esta estratégia para fazer com que os novos sócios se sentissem bem-recebidos, para promover o trabalho em equipe e avançar com os projetos. Ele anunciou que estaria num restaurante local todas as quintas-feiras ao meio-dia. Algumas vezes, seis ou sete rotarianos juntavam-se a Kador, e outras vezes eram só um ou dois. E já aconteceu de ninguém aparecer? Isso aconteceu algumas vezes, Kador reconheceu, mas nunca encarou o fato como um retrocesso. "Quantas vezes eu tenho uma hora ininterrupta para pensar sobre o trabalho que é importante para mim?", disse ele.

Convide um colega para almoçar

No mundo atual, muitas pessoas de negócios foram do extremo de um almoço de três martinis para nenhum almoço. Muitas pessoas comem nas suas mesas de trabalho ou pulam o almoço completamente. Colocando o almoço de lado, nós perdemos uma oportunidade importante de nos conectarmos em um nível informal com nossos colaboradores. Os horários podem variar para diferentes organizações, mas acredito que a prática de um almoço fora, bem pensado, é uma gentileza que pode ir longe para demonstrar o seu desejo de passar um tempo com outros da empresa. É uma boa e informal maneira de comunicar algumas informações a respeito das metas ou dos valores da empresa. E, se você souber escutar, também pode aprender algo.

Abra os horários de trabalho

Na Genentech, a número um das Melhores Empresas para Trabalhar em 2006, da *Fortune*, todos os membros da equipe de liderança estão disponíveis durante o "horário de expediente" uma vez por mês. A gentileza de ter horário de trabalho normal é realmente apenas uma variação da política de portas abertas. Não exige mais que ter pessoas concordando em estar no seu escritório, uma hora por mês, com a porta aberta, e não ter outra programação a não ser estar à disposição de quem quer que apareça.

Se você experimentar esta ideia, tudo o que peço é que limpe a sua mesa e espere. Desligue o monitor de seu computador. Peça para que outra pessoa atenda seus telefonemas. As pessoas são muito sensíveis. Se elas sentirem que vão interromper você, elas não aparecerão. Se quiser que as pessoas apareçam, você tem de aparecer primeiro.

ENCARE SEUS PROBLEMAS OU AS CRÍTICAS

No filme A *Caçada ao Outubro Vermelho* (EUA, 1990) há uma cena que me lembra que, às vezes, a melhor maneira de enfrentar os problemas e as críticas é ir ao encontro deles, e não se afastar deles. O Capitão Marko Ramius, o melhor capitão de submarino da então URSS, vê na tela do sonar que um torpedo disparado por um submarino americano está se dirigindo rapidamente na direção do submarino russo. Em vez de tentar esquivar-se do torpedo, o Capitão Ramius ordena que o *Outubro Vermelho* vire e vá diretamente na direção do torpedo ameaçador. O capitão russo compreendeu algo crítico sobre torpedos. Quando disparados, eles estão armados para explodir depois de percorrerem certa distância. Indo ao encontro do torpedo, o capitão mudou a distância do alvo e interrompeu a programação do torpedo. Ele bateu, sem causar danos, no submarino russo. Em vez de fugir do problema, o Capitão chegou mais perto dele e, no processo, o desarmou.

A mesma verdade se aplica para qualquer relacionamento dentro e fora do emprego. Como um líder, não evite aqueles que têm perspectivas diferentes; pegue-os e traga-os para mais perto. Se você sentir que alguém tem algum problema com você, não espere até que ele exploda. Busque-o e pergunte a ele sobre isso. Conversas assim são muitíssimo raras nos ambientes de trabalho atualmente.

O NEGÓCIO DAS DESCULPAS

Desculpas são negócios sérios. Novas evidências demonstram que o poder mágico de cura da frase "desculpe-me" pode ir muito longe para mediar disputas no escritório, evitar litígios e minimizar adjudicação de danos legais. Se você deseja minimizar a responsabilidade, a melhor coisa a fazer é manter seus erros pequenos. Mas, se você cometer um grande erro, ainda há algo que você poderá fazer para minimizar a responsabilidade. Apenas diga que "sente muito". Dizer que você sente muito eficientemente é uma das pequenas gentilezas mais eficazes disponíveis para qualquer líder. Ela envolve duas palavras e apenas dois segundos do seu tempo. Longe de diminuir sua importância, um pedido de desculpas demonstra humildade, respeito pelos outros e um desejo de aprender, traços característicos de líderes decididos. Recusar-se a pedir desculpas após ter cometido um erro demonstra arrogância do pior tipo.

Acredite se quiser: alguns médicos estão aprendendo que um pedido de desculpas pode ser um bom remédio. Um pedido de desculpas muitas vezes evita reclamações por tratamento inadequado a um paciente. O Veterans Affair Medical Center em Lexington, Kentucky, provou que a raiva que aparece do ferimento e abastece muito da hostilidade, quase sempre se esvai mediante um sincero pedido de desculpas. Desde 1998, esse centro tem uma política de admitir erros médicos, pedir desculpas por eles e iniciar uma reclamação – mesmo quando a própria família não tem ideia de que aquele erro médico contribuiu para a morte do paciente. Os céticos previam que a "honestidade extrema" seria um pesadelo de responsabilidade. Mas os custos legais no hospital estão agora entre os mais baixos no sistema. Um pedido de desculpas honesto alivia a desconfiança e um sentido de perda nos corações das vítimas de tratamentos inadequados e de suas famílias.

As pessoas frequentemente hesitam em pedir desculpas, porque elas equiparam as palavras "sinto muito" com uma constatação de culpa. Um pedido de desculpas envolve riscos; mas recusar-se a pedir desculpas também. Mais e mais jurisdições estão passando uma lei para permitir que indivíduos e corporações ofereçam um sincero pedido de desculpas como parte de seu processo de decisão de disputa, sem medo de responsabilidade legal. Dois novos estudos de um pesquisador na Universidade de Missouri-Columbia revelaram que um pedido de desculpas evita processos legais e ajuda a promover acordos.

"Vários fatores, como a natureza do pedido de desculpas, a seriedade dos danos e outras evidências de responsabilidade, afetam a capacidade de um pedido de desculpas de facilitar acordos", disse Jennifer Robbennolt, uma estudante na área de psicologia, direito, danos e solução de disputas. Atualmente, ela está na faculdade na Universidade de Illinois. A professora Robbennolt conduziu o estudo mencionado enquanto era membro sênior no Centro para o Estudo de Soluções de Disputas na Faculdade de Direito da Universidade de Missouri-Columbia. "Os criadores de políticas e litigantes devem levar em consideração esses assuntos complexos quando tomarem decisões sobre o papel adequado dos pedidos de desculpas para resolver disputas civis", escreveu ela em um artigo publicado no *Michigan Law Review*.

Nos dois estudos, os participantes interpretavam uma situação descrevendo um acidente entre um pedestre e uma bicicleta. Eles deveriam fazer o papel da pessoa ferida e avaliar uma oferta de acordo da outra parte, com base nas informações a respeito dos ferimentos, da conduta da outra parte e da responsabilidade de cada parte pelo acidente.

Robbennolt descobriu que, quando desculpas foram pedidas, 73% dos respondentes aceitaram a oferta de acordo. Quando o pedido de desculpas não foi feito, 52% não aceitaram, mas quando se pediram desculpas parcialmente, apenas 35% aceitaram. "Um transgressor que pediu desculpas totalmente foi visto como quem está bastante arrependido, é mais digno e apresenta maior possibilidade de ter mais cuidado no futuro do que alguém que pediu desculpas parcialmente ou que não pediu", explica Robbennolt.

Por causa de estudos como esses, os Estados da Califórnia, do Texas e de Massachusetts recentemente passaram estatutos de "expressões de compaixão". São leis que pretendem facilitar o pedido de desculpas sem a própria responsabilidade ligada à declaração. Atualmente, muitas empresas reconhecem o caráter redentor de um bom pedido de desculpas – não menos importante porque vítimas e júris muitas vezes aceitam isso como fundamento para reduzir qualquer sentença por danos.

Por exemplo, a Toro Company, uma fabricante de cortadores de grama de Minnesota, costumava seguir práticas-padrão de "negar e defender", e seus custos sobre responsabilidade dos produtos cresceram. Mas, em 1991, ela mudou para uma abordagem mais conciliadora. Agora, quando a companhia fica a par de um acidente relacionado a um de seus produtos, ela imediatamente envia colaboradores para visitar a família. Eles começam por expressar sentimentos: "Colocando de lado a questão de quem tem a culpa, nós queremos dizer que nos sentimos muito mal por isso ter acontecido. Vamos fazer o possível para resolver tudo e para nos certificar de que não acontecerá novamente". A Toro diz que a abordagem conciliadora reduziu pela metade o tempo de se chegar a um acordo e cortou o custo médio de US$ 115.000, em 1991, para US$ 35.000, em

2004. Dizer que você sente muito quando comete um erro não é apenas a coisa mais certa a ser feita, mas é, muitas vezes, um bom negócio. Mas um mau pedido de desculpas ou um pedido atrasado é pior do que não pedir desculpas. Não há substituto para sentenças oportunas como "Eu peço desculpas" e "Eu sinto muito". Além disso, um pedido de desculpas eficiente tem quatro ingredientes. Chame-os de "Os Quatro Erres": reconhecimento, responsabilidade, remorso e restituição.

- *Reconhecimento*: Um pedido de desculpas precisa garantir que a parte afetada saiba que quem fala compreende especificamente o que fez de errado. "Eu reconheço que mais de uma dúzia de famílias foram forçadas a evacuarem suas casas".
- *Responsabilidade*: Uma indicação de que quem fala aceita a responsabilidade pessoal pelo acidente. "Eu aceito a responsabilidade pelo erro no julgamento que forçou mais de uma dúzia de famílias a evacuarem suas casas".
- *Remorso*: Um "eu peço desculpas" ou "eu sinto muito". "Eu peço desculpas pelas pessoas que foram forçadas a deixarem seus lares". Isso ajuda se quem fala pode prometer não cometer o mesmo erro no futuro.
- *Restituição*: Quando for prático, o pedido de desculpas deverá incluir uma oferta para fazer das partes afetadas um todo. "Nós iremos reembolsar as partes afetadas por todos os custos associados com a evacuação forçada de seus lares, e a empresa irá doar US$ 100.000 à cidade".

Quando eu tive de pedir desculpas

Como a maioria de nós, eu tenho certeza de que disse as palavras "eu sinto muito" centenas, talvez milhares de vezes na minha vida. Meus pais, meus filhos, minha mulher e meus amigos, todos ganharam sua parcela de desculpas de minha parte. Mas eu não tinha consciência do poder de um pedido de desculpas no ambiente corporativo. Eu tinha medo de que um pedido de desculpas feito em público reconheceria responsabilidade legal em nome da empresa da qual eu era parte.

E, então, um gerente na Lee Hecht Harrison cometeu um enorme erro ético e o lapso foi rapidamente exposto. O *Wall Street Journal* escreveu um longo artigo sobre o assunto. O jornal adquiriu um memorando incriminador que aquele gerente escreveu e o publicou na primeira página, para o mundo inteiro ver. As pessoas me olhavam como um dos responsáveis e estavam ansiosas para ver o que eu faria e diria.

Primeiro, algumas informações. Até 1995, a Lee Hecht Harrison havia se tornado uma líder no setor de colocação de profissionais. Como uma das três melhores empresas nessa área nos Estados Unidos, a nossa reputação era de integridade, profissionalismo e comportamento ético. Nós havíamos sido os cofundadores da associação comercial do setor em 1982 e também fomos cofundadores da associação profissional alguns anos mais tarde. Um dos motivos do desenvolvimento da associação profissional foi o desejo de colaborar com os nossos colegas do setor para criar um conjunto oficial e específico de diretrizes para a prática de colocação de profissionais. Essas diretrizes incluíam manter a confidencialidade, evitar conflitos de interesses, adotar expectativas realistas e colocar em primeiro lugar os interesses das pessoas que procuram emprego e que confiam em nós para as aconselhar.

Nós falhamos em uma instância, e essa falha tornou-se pública. Depois de muito sofrimento, eu pedi desculpas. Não foi fácil, mas isso acabou sendo a coisa certa a ser feita.

Como a maioria dos desastres comerciais, esse foi lubrificado pela mistura problemática da concorrência externa com a pressão interna para vencer. A Lee Hecht Harrison prevaleceu sobre dois outros concorrentes no campo da colocação de profissionais para representar uma empresa internacional. Foi uma ação bem-sucedida para nós, um dos maiores contratos em nossa história de 20 anos. Nossa primeira atribuição foi aconselhar 175 pessoas da área de vendas e marketing que o empregador demitiu ao juntar duas grandes divisões. Infelizmente, eu logo soube que um vendedor bastante agressivo da Lee Hecht Harrison concordou com termos que eram, a partir da nossa perspectiva, claramente antiéticos. Apesar disso, nossa administração falhou, e nós aceitamos a indicação. Impressionantemente, dois concorrentes que haviam recebido a oferta nos mesmos termos declinaram da oportunidade.

Mas o que foi que fizemos de tão antiético? Em nosso entusiasmo para servir à empresa que nos mantinha (a empresa patrocinadora) e dar à Lee Hecht Harrison uma vantagem competitiva, nós violamos um claro limite ético: colocar as necessidades do colaborador em primeiro lugar. Em lugar disso, nossas ações pareceram colocar as necessidades da empresa patrocinadora acima das pessoas com as quais estávamos comprometidos em servir. Especificamente, o vendedor concordou em afastar os colaboradores dos concorrentes da empresa patrocinadora. Esse compromisso mal orientado foi justamente o que nos levou a ganhar o contrato.

Como a data de início do corte de pessoal estava chegando, o vendedor em questão enviou um memorando para a equipe de projetos que dizia: "[A empresa patrocinadora] tem expressado uma grande preocupação com relação ao fato de os colaboradores impactados aceitarem novos cargos com os concorrentes. [A empresa patrocinadora] confia na LHH para concentrar-se na transferência dos colaboradores para empresas que não sejam concorrentes diretos e, se possível, fora do setor. Isso certamente será um desafio, mas a LHH será avaliada pelo número de colocações realizadas em empresas que não sejam as concorrentes".

O artigo foi publicado em 27 de janeiro de 1995. A manchete mostrava: "Memorando revela dedicação dupla de empresa de colocação de profissionais".

Nosso primeiro instinto foi o de ficarmos na defensiva e minimizar o evento como uma aberração. Depois que esfriamos a cabeça, nós nos direcionamos para o modo de gerenciamento de crises. No final, aceitamos o conselho de um experiente consultor de gerenciamento de crises, que nos recomendou encarar o desafio: que aceitássemos responsabilidade total e pedíssemos desculpas. Dou a ele o crédito de nos fazer parar com o defensivismo e nos encorajar a concentrar nossos esforços no arrependimento. Seu conselho foi: "Admita, enfrente, pague – como se toda a empresa fosse culpada!"

Nosso consultor era decidido, inflexível e insistia em que, se emitíssemos um pedido de desculpas em ampla escala, nossos clientes compreenderiam. No entanto, ele iniciou um diálogo ativo, contínuo e saudável em torno da ética pessoal e profissional no setor da colocação de profissionais. Se nós pedíssemos desculpas, ele nos disse, as manchetes cruéis logo desapareceriam. Nós poderíamos voltar a nos concentrar no que melhor sabíamos fazer: trabalhar em nome de pessoas que confiam em nós para agir em seus melhores interesses. Por outro lado, se nos negássemos a falar, a história seria mantida e as pessoas para as quais tínhamos falhado teriam de esperar pelos serviços que havíamos prometido.

Em 1º de fevereiro de 1995, eu emiti a seguinte declaração para todos os clientes, interessados, pessoas que procuravam emprego e colaboradores da Lee Hecht Harrison. Nós também publicamos esta declaração.

Prezados Amigos e Colegas,

Em 27 de janeiro, o *Wall Street Journal* publicou um artigo que criticava a Lee Hecht Harrison por tratar de maneira inadequada uma atribuição de colocação de profissionais.

A situação em particular apareceu quando interpretamos mal a preocupação da nossa empresa patrocinadora com respeito aos contratos de não-concorrência que muitos de seus colaboradores haviam assinado. Como o *Journal* apontou, nossos escritórios inicialmente receberam orientação inapropriada a respeito desse tópico.

Apesar dos nossos melhores esforços para corrigir verbalmente essas instruções, parece que, após investigações posteriores, algumas pessoas que vieram até nós para ajudar podem ter recebido de nossa parte orientação que não estava de acordo com seus melhores interesses.

Considerando as preocupações expressas por nossos colaboradores, clientes e empresas patrocinadoras, que ficaram surpresos com artigo do *Journal*, sentimos a necessidade de declarar abertamente os princípios e os valores operacionais que têm guiado a Lee Hecht Harrison por 20 anos.

A Administração da Lee Hecht Harrison sente profundamente que uma falta de procedimentos claros possa ter reforçado a impressão de que nossa empresa não seja completamente ética na sua prática.

Portanto, hoje reiteramos e anunciamos as seguintes políticas, para evitar que tal falha ocorra em nossa organização no futuro. Também visitaremos cada um de nossos escritórios com a finalidade de, pessoalmente, comunicar o espírito e a intenção desta mensagem:

1. Os consultores da Lee Hecht Harrison serão lembrados de que sua principal responsabilidade é para com as pessoas que nos são enviadas em busca de auxílio, para que as ajudemos a encontrar um novo e adequado emprego o mais rapidamente possível.
2. Embora os consultores, às vezes, recebam informações das empresas patrocinadoras e possam oferecer um retorno na condição dos esforços de busca por emprego de seus

ex-colaboradores, tal comunicação não deve, de maneira alguma, comprometer o profissionalismo nos serviços que oferecemos, nem as opções de emprego do cliente.

3. Todas as comunicações por escrito para uma empresa patrocinadora sobre o progresso de um cliente estarão disponíveis para aquele cliente.

4. Os Gerentes Gerais da Lee Hecht Harrison são responsáveis por se certificarem de que as pessoas que ajudamos são servidas de acordo com os valores de nossa empresa, bem como o Código de Ética Profissional da AOCFI – Association of Outplacement Consulting Firms International (Associação Internacional das Empresas Consultoras de Colocação de Profissionais).

5. À medida que as pessoas começam o serviço com a Lee Hecht Harrison, elas recebem, como parte de seus materiais de orientação, uma cópia do Código de Ética da AOCFI e uma declaração dos princípios de operação da nossa empresa, de modo a garantir que estejam cientes das informações específicas sobre como reportarem imediata e diretamente à Administração Sênior da Lee Hecht Harrison, caso elas tenham uma reclamação ou uma percepção de práticas antiéticas.

6. Os Gerentes Gerais da Lee Hecht Harrison buscarão aprovação de seus respectivos Vice-Presidentes Regionais Seniores antes de difundirem a orientação para outros escritórios, que irão influenciar as opções de encontrar emprego de nossos clientes.

Além disso, para assegurar a integridade de nossa prática, nós procuraremos aqueles indivíduos que receberam nossos serviços durante essa designação para nos certificarmos de que eles se consideram satisfeitos e bem-tratados. Se, na verdade, qualquer pessoa que estejamos ajudando a procurar emprego acreditar que seu consultor da Lee Hecht Harrison agiu conforme indicado no memorando de 29/12/93, ou se algum cliente recebeu nossos serviços conforme descrito no artigo do *Journal*, gostaríamos de conversar com essa pessoa imediatamente para corrigir o problema.

Estamos buscando aprender lições importantes a partir desta experiência. Por exemplo, iremos revisar todas as nossas práticas internas de operação para assegurarmo-nos de que elas atendem aos nossos rigorosos padrões. E continuaremos a refinar nossos procedimentos para assegurar que eles estejam à altura de nossas sólidas convicções éticas e morais.

Obviamente, quando tratamos com pessoas cujas vidas, carreiras e famílias são tão dolorosamente afetadas com a perda do emprego, temos a obrigação de ajudá-las com a maior seriedade. Consequentemente, estamos entristecidos e angustiados por não termos atendido às grandes expectativas de nossos colaboradores, clientes e empresas patrocinadoras. Estamos determinados a evitar que isso aconteça novamente.

Atenciosamente,
Stephen G. Harrison
Presidente

Eu tinha certeza de que aquela situação seria um anúncio de morte para nossa firma, um episódio desmoralizante do qual a nossa cultura nunca se recuperaria. Mas, em vez disso, quase sem exceção, nós recebemos uma enxurrada de cartas e mensagens de fax de clientes, líderes do setor e jornalistas nos cumprimentando. Até a repórter que tinha escrito a história e os artigos seguintes me informou que ficou admirada com a nossa sinceridade. E assim, longe de sairmos do negócio, tivemos o melhor trimestre da nossa história.

Em retrospecto, muito antes de eu ter estudado bem os quatro elementos do pedido de desculpas, o meu pedido tratou de cada um dos quatro elementos. Ele reconheceu a *seriedade* do que fizemos, nós assumimos a *responsabilidade* pelo lapso, expressamos *remorso* e oferecemos *restituição*. Quanto à reação dos nossos colaboradores, eu não esperei por retorno. Pessoalmente, visitei cada um de nossos escritórios, em um período de seis semanas para dizer: "Eu sinto muito. Aqui está o que nós aprendemos. Como resultado, ficaremos mais fortes. Nós somos maiores do que qualquer erro, e seremos uma empresa mais forte por causa disso". Então, escutei os colaboradores enquanto eles falavam sobre o que aquele incidente significou para eles. O efeito sobre mim foi doloroso e permanente.

VIVER NA VERDADE E NA HUMILDADE

Existe uma ligação direta entre dizer a verdade e humildade. Não é um salto muito grande para executivos arrogantes acreditarem que suas opiniões são muito importantes para a verdade ter significado. Executivos arrogantes ficam vulneráveis, recuando diante das verdades que ameaçam seus privilégios. Em todos esses casos, não só os indivíduos sofrem, mas as suas organizações também. Todos nós temos o direito às nossas próprias opiniões; nós não temos direito aos nossos próprios fatos.

O compromisso de um líder com a gentileza é testado todas as vezes que ele estiver frente a frente com uma verdade inconveniente. A verdade é o pré-requisito fundamental para a gentileza. Na ausência de um compromisso coletivo com a honestidade, gestos bem-intencionados e de boa reputação se reduzem a zero. "Uma organização com problemas consegue se abrir para novas ideias, desenvolver produtos inovadores e populares, e repartir os frutos de seus trabalhos igualmente entre seus membros e constituintes", dizem Robert Hardy e Randy Schwartz em *The Self-Defeating Organization*. "Mas, se ela continua a se desmontar, falar em eufemismos e sonegar informações importantes aos interessados, esses esforços raramente têm um impacto duradouro no seu desempenho de longo prazo".

Charles (Chuck) Schwab, presidente da empresa de corretagem do mesmo nome, ganhou uma boa reputação por dizer a verdade. "Os clientes ficam com você nos bons e nos maus momentos, enquanto você disser a verdade a eles", ele não apenas disse, mas demonstrou isso muitas e muitas vezes.

O compromisso de uma empresa em dizer a verdade é frequentemente testado durante as adversidades. Eis aqui um exemplo de como a Schwab administrou uma crise quando sua existência estava correndo riscos. Numa sexta-feira, 16 de outubro de 1987, a bolsa de valores entrou em colapso. Foi o primeiro dia no qual a Dow Jones Industrial Average caiu mais de 100 pontos em uma única sessão de negociações. Os computadores da Schwab ficaram superlotados, e muitos clientes não conseguiram executar pedidos de vendas, o que fez com que incorressem em grandes perdas. "Houve momentos naquele dia em que negociadores de ações sentiram-se como se estivessem fora de seus corpos, observando-se com um afastamento bizarro, enquanto tentavam loucamente negociar as ações", observa Joseph Nocera em seu livro *A Piece of the Action: How the Middle Class Joined the Money Class*. Na Schwab, os computadores estavam sobrecarregados às 8 da manhã. O sistema de discagem gratuita da Schwab também foi vítima de incessantes ligações. Durante vários dias, os clientes da Schwab apenas ouviram o sinal de ocupado.

Os clientes tinham o direito de estar descontrolados, e estavam. A resposta de Chuck Schwab foi notável. Em vez de defender a empresa ou criar desculpas, ele se desculpou e calmamente reembolsou milhares de clientes por suas perdas. A propensão da Schwab em admitir a responsabilidade e fazer as coisas corretas brilhou. Em 28 de outubro de 1987, os investidores abriram o *Wall Street Journal* para ver duas páginas de anúncio: numa Chuck aparecia desculpando-se com os clientes pelos infortúnios e pedindo sua paciência; na outra ele expressava o agradecimento aos milhares de colaboradores da Schwab, que cooperaram tirando os pedidos manualmente, enquanto os técnicos lutavam para fazer com que o sistema dos computadores voltasse a funcionar normalmente.

Durante o curso de sua carreira, todo líder será testado na adversidade e, algumas vezes, irá falhar. Nesses momentos, os colaboradores e outros depositários estarão observando cuidadosamente. Quando eles veem o líder como uma pessoa falível, que comete erros e possui a gentileza de reconhecê-los, assumir a responsabilidade e pedir desculpas, desde que de forma adequada, eles não irão abandoná-lo. Seguidores não exigem perfeição nem onipresença. Pelo contrário, pesquisas mostram que os líderes mais eficientes mostram suas fraquezas seletivamente. Por exporem alguma vulnerabilidade, eles revelam sua acessibilidade e sua humanidade. No final, os seguidores exigem líderes que vale a pena seguir.

8
Gentilezas de demissão

Toda saída é uma entrada para algum lugar.

TOM STOPPARD

Na década de 1970 surgiu um serviço novo e especial – a consultoria na colocação de profissionais. Os serviços e suas empresas constituintes foram desenvolvidos por cientistas comportamentais, ex-clérigos e pessoas que ligadas ao serviço social, bem como por pessoas que vinham da área de recursos humanos. A teoria era a de capacitar as empresas a facilitarem as mudanças, especialmente a mudança de pessoas, tornando mais fácil e humano o desligamento de um colaborador. As empresas poderiam contratar consultores externos competentes, que assumiriam a imediata responsabilidade de preparar a carreira dos colaboradores afetados por cortes corporativos.

Durante minha primeira semana na empresa que iria se tornar a Lee Hecht Harrison, os dois sócios originais me convidaram para um almoço de boas-vindas. Era um momento para se conversar filosoficamente a respeito da colocação de profissionais como uma profissão de auxílio, não apenas um negócio. Em algum momento entre o prato principal e o brinde de boa sorte com champanhe, Bob Hecht disse algo que me deixou muito impressionado. "As três maiores tragédias no mundo de uma pessoa são a morte, o divórcio e a perda do emprego", disse ele, "e você ficará surpreso com o número de pessoas que as colocariam em uma ordem de prioridade bastante diferente dessa que eu acabei de dizer".

Para muitas pessoas a perda do emprego é próxima da morte, pois nos identificamos intimamente com o que fazemos para ganhar a vida.

Então, nós, consultores de colocação de profissionais, ficamos com a sensação que, às vezes, salvamos vidas. Quando executamos nosso trabalho com excelência, pode-se dizer que somos agentes de *transferência de força de vontade*. Nós transferimos nossa força de vontade para pessoas com resistência temporariamente exaurida; pessoas que não apenas perderam seus empregos, mas também elementos essenciais de suas identidades. As pessoas que procuram emprego perderam tanto as suas rendas salariais como suas rendas físicas.

E para alguns, infelizmente, a perda do emprego ameaça sua razão de ser. Alguns entram em depressão, passam a ter um comportamento autodestrutivo e, mais raramente, tornam-se violentos. Em muitas culturas, o risco de suicídio associado à perda do emprego é bastante conhecido. No Japão, por exemplo, estima-se que há aproximadamente 100 suicídios por dia relacionados a estresse no local de trabalho e perda de emprego. Esse risco de trauma grave pela perda do emprego é, inicialmente, o que fez surgir no mercado o segmento de recolocação de profissionais.

A GENTILEZA SOB O MICROSCÓPIO

Muitas empresas fazem tudo o que é possível para evitar dispensar colaboradores. Algumas vezes, porém, a realidade econômica torna isso impossível. Quando a dispensa de colaboradores é eminente, as pequenas gentilezas podem fazer toda a diferença. Um simples compromisso gerencial com as pequenas gentilezas durante e imediatamente após uma dispensa em nada interfere com as necessidades econômicas que a forçaram. Pequenas gentilezas colocadas em jogo durante e depois dessa que é a mais difícil das tarefas de gerenciamento – o ato de desligar um colaborador – sinalizarão a sensibilidade e o cuidado de um líder, e um compromisso para com todos que estejam observando. E aqui vai um ponto crítico: todos – e eu digo "todos" – estão observando durante e depois de um corte de colaboradores.

Esse não é o momento para uma miopia administrativa. Os colaboradores podem ser desligados, mas não é tão fácil apagar suas memórias. "A culpa do sobrevivente" é um assunto verdadeiro e presente que pode ser administrado, mas apenas se for reconhecida. Então, da mesma maneira, os colaboradores mantidos devem encarar o aterrorizador "eu sou o próximo?", medo que acomete os que foram mantidos após um corte de colaboradores. O uso cultural da palavra "sobrevivente" para descrever a condição das pessoas ainda empregadas após os cortes ressalta os riscos de vida e morte no trabalho. Ignorar o fato de que os colaboradores mantidos foram afetados poderá resultar em um duradouro impacto adverso na produtividade e na moral.

NUNCA ESTÁ ACABADO

Líderes enfrentam grandes pressões durante as reduções de custos e mão-de-obra. Uma das maiores tentações de cada canto da organização é dizer: "Acabou! Não vai haver mais!" É compreensível querer se tranquilizar. Líderes devem resistir a essa tentação. Eles devem dizer a verdade, mesmo se a difícil verdade é o oposto daquilo que alguns sobreviventes desejam ouvir. Os colaboradores mantidos querem desesperadamente ouvir que os cortes terminaram e que seus empregos estão a salvo.

"Nunca está acabado", diz David Noer em *Healing the Wounds*. "Isso está tão próximo de uma lei quanto qualquer coisa que eu tenha encontrado no estudo dos cortes de colaboradores. As forças da economia, a dinâmica da tecnologia e a realidade no novo contrato de trabalho tornam qualquer tipo de promessa de emprego de longo prazo uma ilusão."

REGRAS BÁSICAS APROPRIADAS

Eu acho que uma das melhores maneiras de se aprender a respeito de gentilezas de demissão é olhar para como outras empresas abordaram os cortes de colaboradores. Algumas histórias nos oferecem exemplos a serem seguidos e outras nos dão avisos. Na minha opinião, uma das reduções mais bem-administradas dos últimos anos foi realizada em 2001 pela Agilent, uma subsidiária de US$ 8,3 bilhões da Hewlett-Packard. A empresa estava passando por um declínio econômico que atingiu, em particular, o setor de telecomunicações. A Agilent herdou muito da cultura de emprego permanente da Hewlett-Packard, uma organização que nunca havia realizado nenhuma redução de colaboradores. Essa herança dificultou bastante o que a Agilent tinha de fazer. Após adiar o inevitável, apertando o cinto, cortando despesas e mesmo fazendo com que os colaboradores aceitassem um corte temporário de 10% em seus salários, a

Agilent foi forçada a eliminar 4.000 empregos, que correspondiam a 9% da empresa.

Se não houvesse alternativas para cortes de colaboradores, que assim fosse. Mas Ned Barnholt, o novo presidente emérito, apresentou três regras básicas:

1. Os colaboradores deveriam ser notificados apenas por seus gerentes diretos.
2. Os gerentes tinham de ser claros e honestos.
3. As decisões dos cortes deveriam ser baseadas em critérios publicados.

Barnholt compreendeu que a campanha de redução tinha de ser dois terços de comunicação e um terço de implementação. Em 20 de agosto de 2001, o dia em que a Agilent apresentaria um prejuízo trimestral de US$ 219 milhões – seu primeiro prejuízo até então –, Barnholt fez seu primeiro pronunciamento pelo sistema de som da empresa, segundo uma reportagem da *Fortune*. A tradição tinha de ser quebrada naquele dia, e uma nova tradição estava para ser criada. Barnholt insistiu em fazer o anúncio diretamente para os colaboradores, de maneira que eles não tivessem de ouvir sobre os cortes por meio da mídia. Ele apresentou o estado deteriorado do negócio, reconheceu os sacrifícios que os colaboradores já haviam feito e detalhou quantas pessoas poderiam perder seus empregos, de onde vinha o número e como seria o processo, reconhecidamente doloroso.

Esse anúncio pessoal direto foi uma gentileza que começou o processo com o pé direito. Aindo adiante, a Agilent tornou o processo o mais transparente possível, demonstrando uma outra gentileza de demissão. Os formulários que os gerentes deveriam utilizar eram colocados na intranet da Agilent. Os colaboradores podiam ver os critérios nos quais as decisões de escolha se baseavam. A Agilent considerou as demissões lamentáveis, mas não um motivo para alguém se sentir envergonhado. Raramente, uma corporação tão grande foi tão pública com relação a cortes como a Agilent.

A segunda rodada de comunicações estava por vir, por parte dos gerentes, na verdade, tomando as decisões difíceis. Barnholt mandou mais de 3.000 gerentes participarem de exercícios de treinamento com duração de um dia inteiro, onde eles interpretavam papéis e praticavam as maneiras corretas e incorretas de demitir pessoas. A companhia queria o máximo de justiça e o mínimo de ambiguidade no processo e, de acordo com a opinião geral, foi bem-sucedida. Muitos dos colaboradores demitidos pela Agilent escreveram para Barnholt, dizendo que estavam satisfeitos com a justiça e a gentileza, se não com o resultado do processo.

DESLIGAMENTO CRIA LEMBRANÇAS

Dizer adeus é, algumas vezes, uma realidade dos negócios. As gentilezas associadas com os detalhes de como dizemos adeus se tornam um componente importante de nossa cultura corporativa. Quando demitimos pessoas, estamos construindo lembranças; lembranças para aqueles que são desligados e lembranças para nossas organizações.

Um testemunho claro de uma cultura de confiança é como uma empresa demite pessoas de valor. "Nós não gostamos de vê-lo ir embora. Dê-nos seu telefone celular e as chaves do carro da empresa. O segurança irá acompanhá-lo!" Essas frases, algumas vezes, têm de ser ditas, mas quando expressas assim, em justaposição, elas enviam uma mensagem de hipocrisia não apenas para o colaborador que está sendo desligado, mas também para os mantidos que, inevitavelmente, irão ouvi-las no futuro. Não ignoro que as empresas precisam proteger seus bens. Mas não é simplesmente apropriado nem prudente utilizar uma linguagem sentimentalóide em momentos de demissão.

Certamente, a empresa deve se proteger cancelando senhas, e recolher chaves, crachás, celulares e pagers, mas esses passos precisam ser coreografados cuidadosamente e proporcionalmente à situação. Quando um colaborador é desligado por um motivo como desfalque ou assédio, é totalmente prudente bloquear seu acesso às redes e acompanhá-lo para fora da empresa. Qualquer colaborador que tenha comprometido o relacionamento de confiança com a empresa não poderá esperar nada diferente. Mas se não for uma demissão devido a uma falha (por exemplo, declínio na atividade comercial ou uma consolidação), e não houver dúvidas sobre o desempenho ou a integridade do colaborador, então a gentileza exige um grupo diferente de ações. Nesses casos, qualquer ação que coloque em dúvida o desempenho e a integridade do colaborador pode e deve ser evitada.

Em todos os casos, o pessoal da segurança deve continuar em segundo plano, a menos que o colaborador demonstre falta de integridade ou propensão à violência. Se tiver consideração pelo colaborador que está para demitir, faça a si mesmo esta pergunta: "Eu recontrataria essa pessoa se pudesse?" Se a resposta for sim, então eu acho que vale correr o risco. Permita que ele pegue seus pertences pessoais com dignidade e privacidade. Existe um risco aí? Certamente. Comportar-se bem não garante que alguém não poderá comportar-se mal. Mas esse é o caminho.

PREPARAÇÃO, PREPARAÇÃO, PREPARAÇÃO

Demitir um colaborador é uma situação muito delicada para ser administrada sem um bom planejamento prévio. O episódio completo, seja em grande ou pequena escala, precisa ser cuidadosamente coreografado. Não é o momento para um gerente ser espontâneo. Gerentes fazem o melhor quando eles recebem treinamento para demissões, como aquele utilizado na Agilent nos dias imediatamente anteriores ao evento. Naquelas sessões de treinamento, os gerentes aprenderam o que dizer e o que não dizer. Gerentes são ensinados a como responder não-reativamente e com empatia às expressões emocionais de um colaborador, que podem ser intensas. Gerentes são lembrados sobre como escutar — gentileza que discutimos no Capítulo 6. Na essência, o treinamento ajuda o gerente a se comportar respeitosamente quando o colaborador, compreensivelmente, poderá não se comportar tão bem.

Nenhum corte é perfeito. Muitas vezes há um deslize, especialmente com uma redução de mão-de-obra em larga escala, não importando o quão bem você a tenha planejado. Se há 50 coisas que podem sair erradas em qualquer redução e você conseguir pensar em 49 delas, você é um gênio. Mas aquela que você esquecer poderá ser devastadora. É por isso que somos obrigados a tentar eliminar qualquer oportunidade para uma reação desproporcional ou desnecessária. Isso não é fácil, e aqui estão apenas alguns dos erros evitáveis que eu vi.

Em um caso, nós achamos que havíamos treinado e acompanhado, suficientemente o gerente de rescisões de contratos sobre como dar a notícia de que um colaborador estava perdendo seu emprego. Mas, quando chegou a hora, o gerente não conseguiu expressar as palavras adequadas de maneira clara. Obviamente, ele falhou ao passar a mensagem, porque o indivíduo que deveria ser desligado voltou ao trabalho na manhã seguinte. Existe uma tendência humana natural em evitar o confronto; então é compreensível que nós retrocedamos quando temos de utilizar a linguagem direta. É por isso que treinamento e acompanhamento são imperativos.

Em outro caso, as notícias do corte iminente vazaram. Esse pode ser um grande problema para uma organização. Se os indivíduos souberem que suas demissões estão por vir por meio do jornal, eles provavelmente nutrirão sentimentos dolorosos e poderão até nem aparecer para as reuniões de rescisão contratual. Se os repórteres locais divulgarem a história somente do ponto de vista dos colaboradores desligados, a empresa parecerá pouco profissional e precisará fazer um controle de danos de última hora.

Um outro conjunto de erros gira em torno de falhar em ser cuidadoso no que diz respeito do dia escolhido para a demissão. Um telefonema é necessário para evitar demitir um colaborador:

- no dia de seu aniversário ou no dia anterior a uma data importante (por exemplo, o dia anterior ao aniversário de 50 anos do colaborador);
- em uma data significativa, como o dia anterior ao resgate de seu plano de aposentadoria;
- em um feriado religioso significativo para alguns colaboradores;
- quando os documentos da demissão ainda não estiverem em ordem;
- quando uma atividade interna da empresa interfere com a notificação (por exemplo, o "Work Day", dia em que os trabalhadores podem levar os filhos para a empresa).

David Noer, autor de *Healing the Wounds*, conta a história de uma importante empresa que se envolveu em uma redução de funcionários, consequência do declínio econômico das suas atividades. No dia os cortes, a administração não tomou o devido cuidado com algo que, desnecessariamente, agravaria as feridas já abertas. À medida que os colaboradores desligados deixavam o prédio, carregando caixas com seus pertences, eles viam jardineiros trabalhando ativamente na área externa, redesenhando o paisagismo do prédio da empresa. Os colaboradores demitidos tinham acabado de saber que um aperto financeiro exigia sua demissão. Vamos imaginar a sua indignação enquanto observavam centenas de milhares de dólares sendo gastos em paisagismo. Essa situação poderia ter sido facilmente evitada.

Não existe um bom momento para demitir um colaborador. Mas alguns dias e horas são melhores do que outros. Nós não recomendamos as sextas-feiras por vários motivos. Se a ajuda corporativa, como uma recolocação de profissionais, for oferecida, ela não estará disponível no final de semana. O funcionário desligado numa sexta-feira terá todo o fim de semana para preocupar-se, sem nenhuma oportunidade de procurar emprego. A experiência mostra que alguns colaboradores demitidos numa sexta-feira, cometem erros táticos, como entrar em pânico e enviar e-mails e currículos imponderados. Algumas vezes, a dinâmica da família sofre quando colaboradores demitidos têm pouco apoio e muito tempo em suas mãos.

Também não recomendamos as segundas-feiras, e por um motivo pouco compreendido. Agendar a notificação para uma segunda-feira significa que os gerentes têm dois dias para se esquecerem das informações essenciais que eles, presumivelmente, receberam na semana anterior. Devemos dar a um processo difícil todas as chances de ele funcionar.

Levando isso em consideração, os melhores dias para se demitir colaboradores são terças, quartas e quintas.

Onde a conversa acontece é também importante. O escritório do supervisor pode parecer natural, mas isso apresenta vários problemas. Primeiramente, se o colaborador ficar perturbado ou precisar de um tempo para retomar a compostura, ele não tem para onde ir. Não é prático que o gerente tenha de sair de seu escritório de maneira que o colaborador possa se recompor.

A alternativa de forçar um colaborador perturbado e envergonhado a caminhar entre os colegas é arriscada em vários níveis. Se os colegas do colaborador desligado não souberem o que está acontecendo, eles poderão cometer um erro desagradável, como o de tentar iniciar uma conversa com a pessoa. Se souberem, a passagem do colaborador desligado será tão desconfortável para eles como para o indivíduo. Em geral, é melhor dar a notícia na sala do colaborador desligado ou em uma sala vazia. Esses locais também são convenientes para os consultores de colocação de profissionais se juntarem ao colaborador, imediatamente após a notificação.

Demitir um colaborador no estacionamento irá resultar em um gosto amargo por muito tempo. Da mesma maneira, romper uma relação trabalhista em um bar ou em um restaurante terá um efeito contraproducente. Ambas as maneiras são muito públicas, e nenhuma oferece o ambiente para que o gerente notificador se comporte com gentileza e sensibilidade.

Empresas cuidadosas também levam em consideração os assuntos logísticos do colaborador, como o transporte. Muitas empresas incentivam a carona. Mas, se o colaborador a ser demitido for membro de um grupo de carona, há dois pontos que devem ser levados em consideração. O primeiro: saber se o colaborador irá querer ir para casa com os outros nesse dia difícil. O segundo: se o colaborador estiver esperando voltar com o grupo no final do dia, será um grande problema se a demissão ocorrer no começo do dia. Da mesma maneira, se a notificação da demissão acontecer minutos antes da creche da empresa fechar, o colaborador demitido poderá estar com pressa de pegar seu filho. A abordagem mais apropriada é indicar alguém – uma pessoa do RH ou, talvez, um consultor de colocação de profissionais – para ajudar o colaborador a resolver assuntos de logística para aquele dia. Essa pessoa deverá verificar essas questões com o colaborador assim que ele tenha retomado a compostura, a fim de eliminar o máximo de estresse logístico possível.

Eu incentivo você a não subestimar a quantidade de coreografia que tem de ser colocada em uma notificação de demissão bem planejada, sensível e respeitosa. A gentileza começa em dar treinamento aos gerentes. Isso compreende escolher o momento e o local adequados para as notificações e contar com os sistemas de apoio corretos no local, imediatamente após a notificação. A gentileza também inclui o apoio aos gerentes de notificação durante seu dia difícil. Enquanto algumas empresas têm o pessoal e a habilidade de observar todos esses detalhes, um número crescente de companhias recorrem a empresas de gerenciamento de carreiras para administrar o planejamento e as ramificações imediatas das notificações. Elas nunca podem ser os atores mais importantes: os gerentes da empresa devem notificar os colaboradores pessoalmente. Mas elas podem ser os coreógrafos para ajudá-los a juntar as peças com eficiência e gentileza.

O MELHOR PLANEJAMENTO

Talvez, uma maneira de enfatizar a necessidade de planejamento, seja mostrar o que pode acontecer quando detalhes importantes de gentileza não são antecipadamente levados em consideração. A RadioShack Corp. ganhou má fama por enviar um e-mail notificando 400 trabalhadores que eles estavam sendo demitidos. Os colaboradores demitidos no centro de operações de Fort Worth, no Texas, receberam o mesmo e-mail em uma terça-feira pela manhã. A mensagem era: "Estamos realizando uma notificação de redução de mão-de-obra. Infelizmente, seu cargo é um dos que foram extintos".

Blogueiros rapidamente divulgaram a história. Em poucos dias, clientes pelo mundo explodiram de raiva, jurando que nunca mais comprariam na RadioShack. Pessoas autorizadas pela empresa se defenderam, dizendo que os colaboradores haviam sido avisados, em uma série de reuniões, de que as notificações de demissões seriam enviadas eletronicamente. A notificação eletrônica foi mais rápida e permitiu mais privacidade do que dar a notícia pessoalmente, segundo o porta-voz da empresa, Kay Jackson.

As pessoas ficaram escandalizadas com a abordagem impessoal da RadioShack, e o que perceberam, correta ou incorretamente, foi a maneira insincera como a empresa defendia o seu método, dizendo estar de acordo com os interesses daqueles que foram desligados. Demitir pessoas não é fácil. A maioria dos gerentes diz que informar as pessoas que elas estão sendo desligadas é a parte mais difícil de seu trabalho. Então, é compreensível que os gerentes queiram se proteger dessa dolorosa tarefa. Mas é exatamente porque a tarefa é tão difícil – e toda a dor lhe é trazida pelo colega que está para ser desligado – que a gentileza é necessária.

A propósito, a RadioShack somente notificou o presidente e CEO David Edmondson sobre as demissões no momento em que elas ocorriam. Edmondson também foi forçado a reconhecer que "se enganou" ao citar em seu currículo dois diplomas do Pacific Coast Baptist Bible College, fato questionado em um artigo publicado no *Fort Worth Star-Telegram*. Como consequência de uma série de escândalos corporativos proeminentes, a rápida aceitação de seu pedido de demissão mostra o quanto as considerações éticas tornaram-se cada vez mais importantes no ambiente atual dos negócios.

A NOTIFICAÇÃO APROPRIADA

A conversa entre um gerente e a pessoa que está sendo demitida é a peça mais crítica do quebra-cabeças da demissão. Eu gostaria de enfatizar duas importantes gentilezas gerenciais associadas a essa conversa:

1. Não tenha pressa com o colaborador. Uma reunião curta, apressada ou interrompida é como sal na ferida.
2. Escute o colaborador com empatia e sem reagir. Se você estiver ansioso ou defensivo, pode ser ainda mais difícil ficar em silêncio, enquanto um colaborador fala. Mas, como já vimos, você não consegue escutar e falar ao mesmo tempo. Se o colaborador criticar a empresa ou mesmo a sua maneira de gerenciar, você não deve debater o assunto. Lembre-se, escutar não é o mesmo que concordar.

Demitir um colaborador não é o momento para uma análise prolongada de seu desempenho. Nem é o momento para conversas filosóficas reflexivas e lugares-comuns como: "Eu sei como você deve estar se sentindo" ou "Isso é tão difícil para mim como é para você". Em vez disso, uma conversa breve, que vá direto ao assunto, realizada atenciosa e sucintamente, irá comunicar a realidade de uma decisão que foi tomada e é irrevogável. Você poderá evitar mal-entendidos se a confirmação dos direitos do colaborador referentes ao seu desligamento for feita por escrito no momento da notificação.

LINGUAGEM DE DEMISSÃO

Que palavra você utilizaria para se referir às pessoas que estão saindo? A escolha das palavras sinaliza posturas. É provável que uma organização que fala de "demitidos" ou "colaboradores ajustados" tenha uma cultura bastante diferente daquela que utiliza as palavras "ex-colega" ou "colaborador desligado". Quando alguém na W.L. Gore pede demissão ou é desligado, a companhia se refere a isso como uma separação. "Essa palavra reconhece que uma mente e um coração estão deixando a organização, e fala da separação do ponto de vista do relacionamento, em vez de somente do processo", escrevem Scott Cawood e Rita Bailey em *Destination Profit*. O desligamento de um colaborador pode ser mais bem-explicado como parte da conta bancária da reputação de uma organização.

Algumas vezes, há depósitos, outras vezes há saques. Cada desligamento deveria ser tratado diretamente, com franqueza e honestidade.

Em qualquer caso, o objetivo deveria ser menos ter de encontrar o eufemismo perfeito e mais evitar expressões que se desviam da verdade. Eufemismos podem ser um tiro que sai pela culatra. Aqui estão alguns com os quais muitos de nós estamos familiarizados: "redução", "reengenharia" e "ajustados".

Deixe-me dizer algo a respeito da carta de referências. Ela representa o que o ex-empregador tem a dizer aos interessados em recontratar o colaborador demitido. É quase sempre do interesse de todos negociar o conteúdo dessa carta. Não importam quais foram as circunstâncias da saída de um colaborador: a empresa gostaria de ver o colaborador demitido reempregado o mais rapidamente possível. O ex-colaborador, é claro, gostaria de ser empregado o mais rapidamente possível. Logo, a carta de referências não deveria ser um obstáculo para esse interesse compartilhado. O conteúdo da carta de demissão deve ser negociado o mais generosamente possível. É aí que a gentileza entra. Recursos humanos e gerentes devem ser treinados para liberar a carta de demissão sem comentários ou embelezamentos adicionais.

DIGA A VERDADE

Dizer a verdade exige dois compromissos individuais. O primeiro é o compromisso de aceitar a verdade para si mesmo. O segundo é aquele de dizer a verdade aos outros. Para mim, o primeiro compromisso é, muitas vezes, o mais difícil.

Seja falando com aqueles que estão sendo demitidos ou com os que são mantidos, é importante que os gerentes digam a verdade, mesmo que não seja o que cada um desses grupos deseja ouvir. Mesmo que possa ser tentador dizer a um colaborador demitido que poderá haver uma outra oportunidade para ele em alguns meses, isso raramente é verdade e apenas alimentará expectativas e o desencorajará a procurar um novo emprego rapidamente. Colaboradores mantidos querem um compromisso de que eles não serão os próximos, mas é perigoso fazer tal promessa. Não importa o quanto isso pareça fazer mal a curto prazo, no longo prazo é sempre menos doloroso ter colocado a verdade à frente de tudo.

Utilizar fatos é uma excelente maneira de dizer a verdade. Eles podem não ser sempre convenientes e, algumas vezes, eles são desagradáveis. E, durante demissões, os fatos podem ser completamente repulsivos. Entretanto, tanto os colaboradores demitidos quanto os mantidos sempre se sentirão melhor quando os relacionamentos forem autênticos, neles prevalecerem os fatos. Todos, sejam demitidos ou ainda empregados, precisam ter responsabilidade individual por sua segurança no emprego e pelo destino da sua carreira. É impossível fazer isso sem conversas francas, baseadas em fatos.

Resumindo, as exigências mínimas de gentileza na demissão de colaboradores incluem cinco valores:

1. Um processo de seleção justo e preferencialmente transparente. Isso significa padrões objetivos e facilmente compreensíveis.
2. Uma notificação dada pessoalmente em uma reunião cordial e com a presença do supervisor imediato do colaborador demitido.
3. Sensibilidade com a logística do processo de notificação.
4. Sensibilidade com relação à carta de referência. O colaborador desligado deverá saber exatamente o que a empresa irá dizer aos potenciais empregadores. Isso deverá ser feito por escrito, de maneira que ambas as partes fiquem satisfeitas.
5. Acessibilidade da administração aos colaboradores mantidos.

DIGNIDADE E GENTILEZA

As pessoas acabam aceitando a perda do emprego como um fato da vida comercial. Aquilo que as pessoas nunca aceitam, e nunca perdoarão, é o processo do evento da redução de pessoal não ser executado de forma estruturada e com foco na dignidade individual.

Nós somos obrigados a tentar minimizar o risco de alguma coisa ser considerada uma afronta inadvertida à dignidade individual. Os colaboradores sempre sentem a gentileza e coisas a ela relacionadas. Em um ambiente de gentilezas, os colaboradores desligados tenderão a aceitar a decisão e tocar suas vidas adiante mais facilmente. Quando a falta de dignidade dá o tom ao evento do desligamento, os colaboradores demitidos se lembrarão disso por um longo tempo, mesmo após terem se conformado com o desligamento.

PARTE 3

Construindo uma organização respeitável

Um oleiro-mestre sonhava com um novo e arrojado esmalte para seus delicados vasos de porcelana. Isso se tornou o foco central de seu trabalho e de sua vida. Todos os dias ele experimentava novas fórmulas e compostos, tentando descontroladamente reproduzir em seus potes o esmalte que ele imaginava. Eles se esforçou nisso durante anos, mas não conseguiu encontrar a combinação perfeita de química e temperatura para obter o acabamento que buscava. Após décadas de trabalho, o exausto oleiro-mestre decidiu que não lhe restava mais nada para experimentar. Então, ele aumentou as chamas de seu forno para a temperatura mais alta e caminhou para aquele inferno. Quando o forno finalmente resfriou e os assistentes do mestre, horrorizados, abriram a porta, tudo o que eles encontraram foi a última fornada de vasos do mestre. E a perfeição do esmalte! Era exatamente o belo acabamento que o oleiro-mestre havia se esforçado para conseguir por tanto tempo. Sua criação exigiu que o próprio mestre desaparecesse nas suas criações.

Eu percebi que, quando os membros de uma equipe que produz resultados verdadeiramente espetaculares (pense no Apple Macintosh ou iPod) falam sobre a experiência, os termos que muitas vezes usam denotam uma sensação maravilhosa de serem devorados pelo projeto. O oleiro-mestre expressou isso literalmente. Não sou a favor de que os colaboradores se sacrifiquem. Mas, metaforicamente, acredito que a maioria de nós sonha em dar tal significado ao trabalho, e por ele nos sacrificaríamos. Como o oleiro-mestre, os membros de equipes que produzem resultados fantásticos oferecem a si mesmos ao dever do trabalho.

Quando somos apaixonados por nosso trabalho, nós nos tornamos parte dele e ele se torna parte de nós. Para muitos colaboradores, a mais alta expressão de seu compromisso é fazer a diferença, realizando um bom trabalho. Eles criam significado por fazerem a diferença. Gentilezas estimulam a transformação das formas comuns e diárias em excelentes e raras. Elas são o caminho para que indivíduos e organizações se expressem e até mesmo sustentem o próprio significado da sua razão de ser.

9

Gentilezas maiores

O ideal na vida é apenas em uma pequena parte devido à ação pública corajosa de pessoas importantes. Todo o restante dessa força é feito de ações pequenas e obscuras; mas a soma delas é mil vezes mais forte do que os grandes atos daqueles que recebem grande reconhecimento público.

ALBERT SCHWEITZER

Se um processo ou um gesto comercial prova ser novo, interessante e eficiente, a tendência, na maioria das organizações, é de repeti-lo. O mesmo acontece com as pequenas gentilezas. Assim que uma pequena gentileza é reconhecida como uma coisa preciosa, o passo seguinte é experimentá-la novamente, sob as mesmas circunstâncias e, depois, sob circunstâncias um pouco diferentes e, se ela ainda continuar a funcionar, sob circunstâncias variadas. A partir daí, há um pequeno salto para dar um nome a ela, indicar um gerente, redigir uma política e determinar um orçamento. De repente, uma pequena gentileza que era livre e espontânea, se torna um programa. O gesto deixa de ser uma expressão dos valores e objetivos de uma pessoa para ser uma expressão dos valores de uma organização. Ela sai do controle de uma pessoa e vai para o sistema. O gesto pode se separar de seu significado intrínseco e, no final das contas, tornar-se destituído de significado. Ele pode se tornar um hábito em vez de uma paixão.

Não quero com isso dizer que institucionalizar as pequenas gentilezas seja algo indesejável. Uma vez que as pequenas gentilezas se transformam em gentilezas maiores, certamente algo está perdido, mas, com certeza, alguma coisa também é ganha. Na melhor das hipóteses, a institucionalização mantém as ondas de gentilezas se expandindo para fora da fonte, criando maiores impactos dentro do empreendimento e para além dele. É precisamente esse processo que permite que as pequenas gentilezas mudem a cultura corporativa.

INSTITUCIONALIZANDO A PEQUENA GENTILEZA

Todas as gentilezas existem em uma série contínua de tamanho, das pequenas até as maiores. Uma vez que as gentilezas se tornam maiores, da mesma maneira que elas se tornam algo que as empresas — e não simplesmente as pessoas — fazem, elas tendem a ser percebidas como algo que vale a pena ser noticiado. Por isso, é muito fácil ver, em web sites de empresas, em relatórios impressos ou na mídia, exemplos de grandes gentilezas que as empresas ou seus observadores consideram valiosas. O que eu acho mais interessante são as ideias que, provavelmente, começaram como pequenas gentilezas, mas que, na sua presente manifestação, evoluíram para algo maior. Eu também prezo os programas de empresas que incentivam as pessoas a agirem com gentilezas. Os exemplos que decreverei a seguir são apenas uma pequena amostra de grandes gentilezas que encontrei no local de trabalho. As empresas também praticam grandes gentilezas que ultrapassam as fronteiras de suas companhias. Algumas pessoas têm um nome para essas grandes gentilezas: responsabilidade social corporativa (em inglês, *corporate social responsibility*). Falarei mais sobre a responsabilidade social corporativa e a sua relação com as pequenas gentilezas adiante, ainda neste capítulo. Por enquanto, vamos dar uma olhada em alguns gestos que, provavelmente, começaram como pequenas gentilezas e, depois, tornaram-se grandes gentilezas.

Regras são feitas para serem apropriadas – Southwest Airlines e Ritz-Carlton

As gentilezas, algumas vezes, exigem a quebra de regras. As regras no trabalho são importantes, mas a adesão estrita a elas se torna uma desculpa para a preguiça ou a complacência. "Uma consistência insensata é o bicho-papão das mentes pequenas", disse Emerson, com uma ênfase mais em *insensata* do que em *consistência*. Na Southwest Airlines, todas as regras (exceto as regras de segurança) estão disponíveis para debate se um colaborador conseguir justificar por que elas não devem ser aplicadas. Quando os candidatos para trabalhos que necessitam contato com o cliente são entrevistados, perguntamos a eles: "Você poderia contar para nós alguma ocasião em que você quebrou uma regra para ajudar um cliente?" Se um candidato não consegue apresentar um exemplo específico de como ele, intencionalmente, quebrou uma regra para ajudar um cliente, ele não é contratado.

Confiar nos colaboradores com mais discrição sobre quando fazer cumprir as regras e quando relaxar, cria uma boa experiência para todos. Cada colaborador em um hotel Ritz-Carlton, desde o recepcionista que fala quatro idiomas até a faxineira que limpa o seu quarto, tem a autonomia para, sem envolver o gerente, gastar até US$ 2.000 para resolver o problema de um hóspede. Pense: qualquer colaborador do Ritz-Carlton pode gastar mais dinheiro do que alguns deles ganham por mês para resolver o problema de um cliente. Você confiaria em seus colaboradores com tal poder de decisão?

É claro que os hotéis Ritz-Carlton investem substancialmente em seus colaboradores. Todos os contratados passam por testes, que mostram a eles os atributos dos colaboradores mais bem-sucedidos do Ritz. O Ritz aprendeu que candidatos cujas pontuações nos testes lembram as dos colaboradores mais exemplares, tendem a ser bem-sucedidos. Depois que os colaboradores são contratados, o treinamento e o acompanhamento são constantes. O resultado não é uma surpresa. A marca Ritz-Carlton significa, talvez, a melhor experiência em hotéis no mundo. Os hotéis Ritz-Carlton são tão respeitados por seu nível confiável de atendimento ao cliente que a cadeia recebeu o cobiçado prêmio Malcolm Baldridge National Quality Award. Como hóspedes, podemos ver uma pequena gentileza quando o mensageiro do hotel nos dá uma garrafa de água, de maneira que tenhamos algo para beber durante a nossa jornada de táxi. O gesto é, na verdade, uma expressão de uma gentileza grande e programada.

Reduza a milhagem, fique com a diferença – Daniels Company

Em um esforço para reduzir tanto a rotatividade de colaboradores quanto as despesas, a Daniels Company, uma empresa de transporte em Springfield, no Missouri, desafiou seus motoristas a reduzirem seus custos com combustível por meio da melhoria do consumo. Os motoristas ficariam com a diferença do valor economizado. Desde então, a rotatividade de colaboradores foi reduzida em 25% e os caminhões estão registrando menos quilômetros, cortando, desta maneira, custos gerais. Essa grande gentileza também ajuda a diminuir o aquecimento global.

Espalhando a massa – General Mills

As equipes na General Mills, fabricante de produtos alimentícios, comemoram quando seus recordes de segurança são atingidos. Quando os 500 colaboradores na fábrica em Joplin, no Missouri, que produz massa congelada, atingiram o primeiro marco na história para a corporação – sete milhões de horas sem um acidente que resultasse em perda de tempo! –, eles comemoraram o fato com muita alegria e espirituosidade. Conhecidos como "Equipe Joplin", os colaboradores não haviam sofrido um acidente que causasse falta no trabalho desde 30 de dezembro de 1996. Prevendo que iriam bater o recorde, mais de 100 dos colaboradores masculinos começaram a deixar a barba crescer antes de alcançarem a marca de sete milhões de horas.

Quando alcançaram o marco, muitos colaboradores, inclusive o gerente da fábrica, prenderam o número sete em suas barbas. Outros colaboradores, orgulhosamente, mostravam tatuagens temporárias de Big G e Doughboy, famoso personagem animado dos comerciais da General Mills. A cobertura local do evento foi realizada pela Champions TV. Pelo feito, os colaboradores da Equipe Joplin ganharam o prêmio Champions Award, que foi pessoalmente entregue a eles pelo CEO. Durante o ano, outras instalações também comemoraram recordes de prevenção de acidentes, que não resultaram em perda de tempo, com comemorações variadas, desde refeições servidas pela equipe de liderança para todos os turnos, até restaurantes com apresentações teatrais gratuitas, com direito a um convidado e um dia de folga para todos os colaboradores na data da realização. A General Mills tem uma das taxas mais baixas de acidentes com colaboradores entre as empresas na indústria alimentícia.

Aconselhamento/Acompanhamento de perto do trabalho – Metso Minerals

Quando um novo colaborador entra para a sua empresa, indique um colaborador veterano para lhe servir de mentor. Muitas empresas possuem programas de aconselhamento, e eu acho que não há melhor maneira de fazer com que os novos colaboradores se sintam mais bem-recebidos, confortáveis e eficientes, a partir do primeiro dia. Resultados ideais vêm quando os mentores são voluntários, segundo Dawna Smeltzer, gerente de serviços de peças de reposição, acessórios e equipamentos na Metso Minerals Industries. Na sua empresa, novos colaboradores acompanham o mentor durante seis meses após serem contratados. O objetivo do programa é facilitar a transferência de habilidades e fazer com que o novo colaborador se integre à empresa da maneira mais eficiente possível. A empresa se beneficia de duas grandes maneiras. "Primeiro, os novos colaboradores se tornam produtivos muito mais rapidamente", diz Smeltzer. O aconselhamento também contribui para um alto nível de retenção. Os colaboradores que estiverem frustrados ou com dificuldades, podem, frequentemente, consultar seu mentor. A taxa de rotatividade da Metso é muito mais baixa que a média do setor. Segundo, a empresa se beneficia porque acompanhar de perto o trabalho do colaborador também é bom para o mentor. "É um grande investimento, mas ele sinaliza o nosso comprometimento com o sucesso deles", acrescenta Smeltzer. "Nós descobrimos que a melhor maneira de consolidar um conjunto de habilidades é ensiná-las à outra pessoa".

Ideias brilhantes – Baptist Health Care

O Great Place to Work® Institute possui um acervo de histórias de gentilezas em diversos locais de trabalho. Um programa que se destaca é o programa Bright Ideas (Ideias Brilhantes) do hospital Baptist Health Care, que fomenta ideias inovadoras por parte de todas as pessoas na organização, dando aos colaboradores uma oportunidade de compartilhar pensamentos, sugestões para melhorias e ideias de economia de custos. Qualquer ideia que ajude um departamento a funcionar mais eficientemente ou facilite a vida do cliente, é uma Ideia Brilhante. Os colaboradores apresentam as suas ideias diretamente no banco de dados das Ideias Brilhantes. Os líderes são responsáveis pela implementação da ideia: passar a ideia adiante, para o líder mais indicado para executá-la ou dar retorno ao criador sobre por que sua ideia não será — ou não poderá ser — implementada.

Além de ser o depósito das apresentações iniciais, o banco de dados também serve como um armazenador de ideias que todos os líderes podem consultar para verificar se a solução para um problema que eles estejam vivenciando já foi resolvida em outra área. Os líderes podem, simplesmente, analisar as ideias no banco de dados para identificar grandes sugestões de como fazer melhor as coisas.

Por apresentarem as suas ideias, os colaboradores são reconhecidos com certificados "Food for Thought" (algo para meditar) e refeições gratuitas. Eles recebem 10 pontos por ideias que são implementadas. Os pontos são resgatáveis por prêmios, que variam desde um pequeno broche representando uma lâmpada (10 pontos), até uma cadeira de diretor (150 pontos). Todos os colaboradores são incentivados a propor pelo menos duas Ideias Brilhantes por ano.

Hal Hotline – Rosenbluth Travel

A Rosenbluth Travel, empresa de serviços de turismo sediada na Filadélfia, orgulha-se de uma cultura aberta de tomada de decisões. Um aspecto disso é a estrutura que incentiva todos os colaboradores ("associados", na terminologia da Rosenbluth) a oferecerem suas ideias sobre como melhorar a empresa, desde como fazer as coisas em suas próprias áreas até políticas e estratégias mundiais.

A "Hal Hotline" (Linha Direta do Hal) é um link de correio de voz que qualquer associado pode acessar para deixar uma mensagem diretamente para Hal Rosenbluth. Rosenbluth promete responder pessoalmente cada mensagem. De certa forma, a Linha Direta do Hal é, na verdade, uma caixa de sugestões eletrônica. Mas ela tem duas vantagens sobre a abordagem antiga. É muito mais ativa e dirigida ao relacionamento e, portanto, não está restrita a apenas um colaborador que deseja oferecer uma sugestão a algum comitê anônimo. Ela oferece aos colaboradores um canal direto com o presidente. Ela também serve como um meio para Rosenbluth manter-se atento com relação à empresa.

The Spirit of Fred Award – Disney

No Walt Disney World, em Orlando, na Flórida, um dos 180 programas de reconhecimento se chama "The Spirit of Fred Award" (Prêmio "Espírito do Fred"), nome dado em homenagem a um colaborador chamado Fred. Quando Fred passou, pela primeira vez, de um cargo que pagava por hora para outro com salário mensal, cinco pessoas o ensinaram os valores necessários para ter sucesso na Disney. Essa experiência ajudou a inspirar o prêmio, e o nome "Fred" se tornou uma abreviação para *Friendly* (Amigável), *Resourceful* (Prestativo), *Enthusiastic* (Entusiástico) e *Dependable* (Confiável). Concedido inicialmente como uma brincadeira, o prêmio se tornou bastante cobiçado na organização. Fred confecciona cada prêmio pessoalmente: um certificado montado sobre uma placa, que ele, depois, enverniza, e o Lifetime Fred Award, uma estatueta de bronze de Mickey Mouse dada àqueles que receberam muitos Prêmios "Espírito do Fred". Aqui, a gentileza de um colaborador é elevada a um programa estruturado, que ainda mantém um toque pessoal.

Um mundo de agradecimentos – AT&T Universal Card Services

A AT&T Universal Card Services, em Jacksonville, na Flórida, utiliza o prêmio "Um Mundo de Agradecimentos" (World of Thanks Award) como um dos mais de 40 programas de reconhecimento e recompensas. É um bloco para apontamentos de papel colorido, com o formato de um globo, com "muito obrigado" escrito em todas as páginas, em diferentes idiomas. Qualquer um na empresa pode escrever uma mensagem de agradecimento para alguém e enviá-la para essa pessoa. O programa é bastante popular: em quatro anos, a empresa enviou mais de 130.000 mensagens. São 130.000 pequenas gentilezas enroladas em um grande programa de gentilezas.

O Prêmio Wingspread – Office of Personnel Management

O Office of Personnel Management, em Washington D.C., utiliza um prêmio que foi dado pela primeira vez a um profissional cujo desempenho na divisão fora considerado especial. Mais tarde, aquela pessoa passou o prêmio para outra pessoa que, ele acreditava, o merecia. O prêmio assumiu grande valor e prestígio, porque vinha de um colega de alguém. Quem recebe o prêmio pode mantê-lo pelo tempo que quiser ou até que descubra um outro profissional cujo desempenho seja especial. Quando o prêmio estiver para ser passado para alguém, uma cerimônia e um almoço são planejados.

O Prêmio "Banana Dourada" – Hewlett-Packard

Um engenheiro da empresa Hewlett-Packard invadiu o escritório do seu gerente em Palo Alto, na Califórnia, para anunciar que ele tinha acabado de encontrar a solução para um problema que o grupo estava tentando solucionar havia muitas semanas. Seu gerente rapidamente buscou em sua mesa alguma coisa para reconhecer seu desempenho e acabou dando ao colaborador uma banana do seu almoço, com as palavras: "Bom trabalho. Parabéns!" (O que dizer disso como um gesto de agradecimento espontâneo e sem custo nenhum? Não poderia haver uma gentileza menor que essa.). O primeiro colaborador a ser honrado ficou compreensivelmente confuso, mas, no final, o encanto do gesto provou ser irresistível e, quando novamente alguém fez algo digno de nota, as pessoas procuraram por uma banana. Com o passar do tempo, o Prêmio "Banana Dourada" (The Golden Banana Award) foi institucionalizado e se tornou uma das honras de maior prestígio conferida a um colaborador engenhoso.

Colaboradores na capa do Relatório Anual – Nucor

Uma das maneiras que a Nucor Corporation utiliza para demonstrar a sua cultura de igualitarismo é a sua prática de relacionar cada colaborador da empresa, em ordem alfabética, na capa de seu relatório anual. Isso não é um truque de uma empresa que nada faz para respeitar seus colaboradores como muitos poderiam pensar. Na Nucor, a prática de relacionar nomes no relatório anual deve estar em harmonia com outras práticas que reforçam os valores centrais da organização. A prática não é apenas previsível, mas sim uma consequência orgânica de sua política centralizada nos colaboradores.

Intervalos-surpresa – Crate and Barrel

Os gerentes de lojas da Crate and Barrel, em Houston, começaram um programa para seus associados que implica em "uma hora de folga-surpresa". Uma vez por semana, cada gerente de loja escolhe um vendedor e assume seu turno na loja por uma hora dizendo: "Você trabalha muito, e eu agradeço. Aproveite uma hora de descanso remunerada. Volte descansado e pronto para vender mais". O programa dá ao gerente permissão para oferecer o que ele, provavelmente, vê como um belo gesto. O vendedor o vê como uma pequena gentileza.

Fechamento mais cedo nas sextas-feiras – Holder Construction Company

A Holder Construction Company, uma empresa de porte médio em Atlanta, na Geórgia, fecha às 15h30 todas as sextas-feiras para permitir que os colaboradores comecem o fim de semana mais cedo. Na véspera de um feriado, como o Memorial Day ou Dia de Ação de Graças, os escritórios fecham às 14h30, em reconhecimento ao fato de que muitos colaboradores irão viajar e com o intuito de permitir que eles passem mais tempo com suas famílias e amigos. Para um gesto que, provavelmente, sacrifica muito menos tempo produtivo do que as horas reais envolvidas, ele tem um impacto que se estende durante o feriado, porque as pessoas comentam isso. É uma gentileza que nunca cessa.

Gentileza do turno de trabalho – East Alabama Medical Center

O East Alabama Medical Center dá aos colaboradores em todos os níveis um grande poder de decisão. Por exemplo, ele deixa que os colaboradores e grupos de trabalho escolham seus próprios turnos. Um hospital tem de funcionar durante 24 horas, 7 dias por semana, inclusive nos feriados, e essa obrigação cria um enorme peso para a administração com relação aos horários, uma vez que alguns turnos são sempre mais desejados que outros. O Medical Center resolveu esse problema de uma maneira especial: os supervisores não impõem um horário; em vez disso, os colaboradores trabalham juntos, calculam quais turnos têm de ser cobertos e se selecionam para preenchê-los, com um sentido de comunidade. Por transferir esse difícil processo de gerenciamento para os colaboradores, que são os mais afetados por ele, a administração permite que eles assumam a responsabilidade pela tarefa.

Sala silenciosa – Levi Strauss

A Levi Strauss & Company possui uma sala silenciosa, na qual um colaborador pode fazer um intervalo sozinho para relaxar, descansar, meditar ou ler. Ela é apropriada, e agrada tanto pela sua simplicidade quanto pela sua empatia.

RESPONSABILIDADE SOCIAL CORPORATIVA: GENTILEZA OU DECEPÇÃO?

Onde fica a linha entre gentileza no local de trabalho e a condição de direitos humanos básicos para os trabalhadores? A preservação dos direitos humanos para os trabalhadores é uma base para muitos programas de responsabilidade social corporativa (RSC) já publicados. Na minha visão, RSC significa a obrigação de uma empresa em ser sensível às necessidades de todos os depositários. Os depositários de uma empresa são aqueles que são influenciados pelas decisões e ações de uma empresa, ou que podem influenciá-las. Tipicamente incluem os acionistas, os colaboradores, os clientes, os parceiros de empreendimentos conjuntos, os fornecedores, as comunidades nas quais a empresa opera e, crescentemente, os ambientes em geral que todos nós partilhamos. A RSC está ligada a princípios de "desenvolvimento sustentável", em propor que os empreendimentos econômicos tenham o dever de fazer mais do que maximizar os lucros: eles também têm de levar em consideração os impactos sociais e ambientais de suas operações.

Enquanto as grandes e pequenas gentilezas, obviamente, andam de mãos dadas com qualquer organização comprometida com a RSC, eu acredito que as gentilezas funcionam em um nível diferente dos programas de RSC. Os melhores programas de RSC, como as melhores gentilezas, aparecem a partir dos valores de uma empresa. Mas, mais fundamentalmente, as gentilezas brotam a partir dos valores de uma pessoa. Enquanto as pequenas gentilezas, algumas vezes, se desenvolvem para grandes gentilezas, e enquanto alguns líderes possuem a discrição e a autoridade orçamentárias para realizar gestos que acabam se tornando grandes, as gentilezas estão, fundamentalmente, relacionadas com o compromisso de um indivíduo em fazer a coisa certa. Por causa dessa instrução básica, não consigo conceber um programa de RSC eficiente e autêntico na ausência de uma cultura de pequenas gentilezas.

Esse discernimento veio a mim em uma manhã de primavera em 2005. Eu parei em uma loja Starbucks no caminho do trabalho. Na mesa, com o leite e o açúcar, estavam quatro conjuntos de folhetos da Starbucks. Um era um folheto geral promocional e outro pedia um feedback por parte do cliente. Mas os outros dois tinham pouco a ver com os produtos da Starbucks. Um se chamava "Starbucks – Em Nossas Comunidades", e o outro, "Compromisso da Starbucks com a Responsabilidade Social... Além da Xícara".

Em vez de promover "Frappuccinos", a Starbucks utilizou aquele valioso espaço no seu balcão para chamar a atenção para o voluntarismo dos colaboradores, caridades, concessões para organizações que estão alinhadas com seu compromisso de missão de alfabetização (como o "Jump Start", para chegar às crianças em idade pré-escolar nas comunidades carentes), preservação, parceria com a CARE (organização de desenvolvimento social), campanhas de brinquedos para crianças que sofrem de doenças sérias, e várias doações de alimentos.

O folheto de RSC enfatizava o compromisso da empresa com a ética, financiamento de produtores de café em dificuldades, auxílio em desastres, energia renovável, reciclagem, benefícios para novos pais adotivos e diversidade de colaboradores e fornecedores. A Starbucks recebeu sua parcela de críticas pelo impacto de suas operações, tanto sobre os produtores que plantam o café que ela compra, como nas cafeterias vizinhas, em que ela é acusada de concorrência desleal. Talvez os programas de RSC da empresa sejam um esforço defensivo para enfraquecer seus críticos. Ou, talvez, sejam uma resposta altruísta aos assuntos de globalização, desigualdade econômica e pobreza. Eu não sei, e realmente não me importo. Os motivos de uma empresa são irrelevantes se os programas de RSC que ela verdadeiramente empreende ajudam a curar o mundo.

Claramente, a Starbucks considera a RSC como parte de sua marca. Mas o principal mecanismo de divulgação de sua marca são os milhares de baristas que pegam pedidos e servem cafés complicados durante o dia todo. Se a minha experiência com os colaboradores tivesse sido tudo, menos respeitosa – se as pessoas atrás do balcão não tivessem me tratado com respeito e gentileza – então o material de RSC não seria sincero. Da mesma maneira, se a administração não trata os colaboradores com respeito, o compromisso monetário com RSC não teria sentido.

Por essa medida, a Starbucks está se saindo bem. Seus colaboradores são, geralmente, altamente treinados, têm poder de decisão e são bem-tratados. Todos os colaboradores (mesmo aqueles que trabalham em regime de um período) têm plano de saúde e participação nos lucros, benefícios quase que desconhecidos por varejistas similares que empregam, na sua maioria, trabalhadores sem experiência. Em resposta a isso, os baristas da Starbucks são conhecidos por darem algo mais aos clientes.

Citei anteriormente John Sifonis, o ex-executivo da Cisco que comprava café para sua assistente administrativa como uma gentileza. Sifonis é viciado no café da Starbucks. Onde quer que ele esteja no mundo, ele estará em uma loja da Starbucks, pelo menos três vezes ao dia. Ele gosta do café – seu preferido é o expresso de quatro matizes – mas o que Sifonis realmente gosta é do atendimento pessoal, profissional e amigável. Ele, especialmente, gosta da capacidade do pessoal em reconhecer os fregueses e se lembrarem de seus nomes. Em uma manhã em particular, antes que Sifonis pudesse pedir sua bebida, seu celular tocou e ele saiu da fila, e saiu da loja para atender a ligação. Quando a barista viu que a ligação de Sifonis duraria um pouco mais, ela saiu e o presenteou com um expresso de quatro matizes. "Aquela foi uma gentileza fantástica", emocionou-se Sifonis. "Ela me reconheceu, compreendeu a minha situação, lembrou-se da minha preferência, saiu do seu lugar para me levar o que eu queria e nunca se preocupou em receber na hora. Isso é mais que oferecer uma grande experiência a um freguês. É uma gentileza".

O meu ponto é que o compromisso da Starbucks com o poder de tomada de decisão concedido aos colaboradores, por meio de benefícios e treinamento, é parte e parcela de suas iniciativas de RSC. Esses programas, por sua vez, ajudam a criar uma cultura que permite aos baristas oferecerem uma excelente experiência para fregueses como Sifonis. A experiência da Starbucks de RSC em uma escala global e pequenas gentilezas para um freguês convergem para tornar a marca tão forte e bem-sucedida como ela é.

Nem todos estão convencidos de que a RSC agrega valor às empresas. Alguns executivos ainda concordam com Calvin Coolidge, em que o negócio do negócio é o negócio. Por esse ponto de vista, defendido por sumidades como Milton Friedman, que recebeu o Prêmio Nobel de Economia, um negócio serve melhor à sociedade oferecendo os melhores retornos sobre os investimentos confiados a ele. Fora desses retornos, investidores encontram-se na melhor posição para dar apoio às causas e filantropias que, em sua avaliação, são as que mais merecem. Por meio dessa lógica, os programas de RSC que não apresentam os resultados óbvios para a linha final estarão doando o dinheiro dos acionistas.

As pessoas que ainda partilham desse ponto de vista são a grande minoria. Houve uma revolução da RSC nos últimos 15 anos, diz David Vogel, professor na Universidade da Califórnia, que estudou o assunto durante 30 anos. Segundo Vogel, as corporações defendem o valor da RSC em muitas dimensões: a RSC está em seus interesses comerciais, quer evitar dificuldades com os reguladores, sua prática repercute entre os colaboradores e os mercados de capitais, e ela promove um sólido gerenciamento de talentos. Levada a um extremo, a RSC é vista por seus defensores como "a sobrevivência dos virtuosos".

Porém, observa Vogel, não existe um caso comercial conclusivo para a RSC. Mesmo os consumidores, que poderiam estar impressionados pela inclusão de um componente da RSC na proposta de uma marca de uma empresa, tenderiam a estar motivados nas suas decisões de compra por outras considerações, tais como preço e disponibilidade. Os mercados financeiros também são indiferentes. Vogel fica chocado pelo fato de que, durante o ano em que ele estava escrevendo o *The Market for Virtue*, nenhum número do *Business Investor's Daily* fez qualquer referência a RSC.

Vogel sugere que "não há evidência de que empresas sem forte reputação de responsabilidade social achem isso mais difícil ou devam pagar melhores salários para atraírem colaboradores de primeira classe e altamente comprometidos. Nem há prova de que a disposição de ânimo ou o comprometimento desses colaboradores é menor do que nas empresas com melhor reputação de RSC".

Até o momento, Vogel observa que a Starbucks, ao oferecer plano de saúde para todos os colaboradores, sejam eles de um período ou de período integral, gasta mais na cobertura de saúde do que em grãos de café. Ela precisa fazer isso? Uma xícara de café custaria menos para o consumidor se a Starbucks se interessasse somente pelo café? No caso da Starbucks, a prática de comprometer-se com as grandes necessidades de seus colaboradores estava estabelecida porque seu fundador, Howard

Schultz, estava convencido de que essa era a coisa apropriada a ser feita. Isso é tudo o que ele precisa do caso do negócio. Mais do que qualquer folheto, essa política e a lucidez de Schultz com respeito a ela me dizem que os programas de RSC da Starbucks crescem mais a partir de uma cultura de gentilezas do que de uma postura defensiva.

No Capítulo 11, veremos como vários líderes são campeões de gentilezas. Um deles é Reuben Mark, presidente e CEO da Colgate-Palmolive. Ele tomou uma decisão de engajar os colaboradores da Colgate na ressurreição de uma escola falida. Esse foi um ato de RSC de gentileza – não de grandiosidade. A decisão de Herb Kelleher de colocar idosos num avião para visitarem suas famílias durante as férias é um ato de gentileza – não de filantropia.

Esses e outros atos como eles são gestos que têm um impacto sobre a cultura corporativa dentro da empresa envolvida. O impacto vem da transparente modelação de papéis, por parte do líder e da mensagem profunda enviada por um significativo investimento monetário. Não sem importância, as pessoas acreditam no que outros dizem a seu respeito; se os programas agregam cobertura positiva da imprensa, os colaboradores querem estar nas posições feitas de boas impressões. No geral, esses programas ajudam os colaboradores a compreenderem os valores da empresa. Acima de tudo, eles compreendem algo mais sobre a cultura organizacional: o que é esperado e o que é possível. Quando os colaboradores agem de maneira consistente com essa compreensão, uma cultura ética é, no mínimo, reforçada – se não criada. Se a hipocrisia não interromper esse processo, os grandes programas – chame-os de grandes gentilezas ou RSC – tiveram o efeito desejado de moldar uma cultura que está mais inclinada para obedecer às leis e as expectativas públicas.

Estou convencido de que nós fazemos o melhor não somente para as nossas empresas, mas também para nossa sociedade, quando expressamos o que é importante para nós por meio de ações genuínas, sejam elas pequenas gentilezas ou grandes atos de coragem e princípios. "As corporações não apenas têm cidadãos, elas são cidadãs", diz Charles Handy, autor de *The Hungry Spirit*. "Nós, cada vez mais, esperamos que nossos cidadãos corporativos ajam respeitosamente, porque isso é, a longo prazo, bom para o resultado final. Uma empresa que é mesquinha e malvada, e não é generosa para com suas comunidades adjacentes, terá amigos apenas nos bons momentos. Portanto, um investimento além das demandas, o que estabelece amigos para os momentos difíceis, é um bom investimento".

A RSC não é sobre altruísmo. O cidadão corporativo pode ser uma força para mudanças positivas no mundo, e não porque mudanças positivas sejam boas para o mundo, mas porque mudanças positivas são boas para os negócios. Charles Handy conta a história de uma refinaria na Austrália que foi atingida por um nível tão alto de absenteísmo, que a produtividade sofria. Ao mesmo tempo, a empresa foi conduzida a contribuir para um fundo para melhorias da comunidade local. Os gerentes da refinaria concordaram, mas acrescentaram a seguinte condição: para cada dia que o absenteísmo excedesse um determinado nível, a empresa subtrairia uma porcentagem da sua doação. Essa condição foi anunciada a todos os colaboradores. "Em poucos meses, o absenteísmo tinha caído a recordes de baixos níveis", relata Handy. "Os indivíduos se preocupam, parece, e as empresas também deveriam se preocupar, se elas devem representar os interesses de seus membros".

Nós dirigimos, responsavelmente, reconhecendo, cada um de nós, a obrigação de dar um bom exemplo. Nós mudamos nossas empresas e, melhor ainda, o mundo, simplesmente por meio de atos de gentileza repetidos tantas vezes quantas forem necessárias.

Gentileza no desenvolvimento de programas de RSC

Como os melhores programas de RSC são aqueles que canalizam não apenas valores organizacionais, mas também individuais, os líderes desejarão envolver o máximo de pessoas (dentro do razoável, é claro) para decidir quais atividades deverão ser empreendidas ou financiadas. Aqui estão duas maneiras que eu vejo para fazer exatamente isso:

1. Envolver os colaboradores, em todos os níveis, e incluí-los na decisão sobre quais iniciativas deverão apoiar. É muito útil para os colaboradores terem voz nessa decisão, e assim eles estarão mais comprometidos em tornar o investimento um sucesso. Quando uma empresa escolhe causas e organizações para prestar apoio, pode ser útil consultar os colaboradores. Aqui vai um exemplo de colaboração construtiva: quando o Adecco Group estava formulando seu código de conduta, ele queria anexar uma declaração dos seus valores. Um comitê propôs 11 valores e os enviou, para serem selecionados, a 25.000

colaboradores. Com base no retorno obtido, a empresa selecionou uma declaração de valores que repercutia entre a maioria dos respondentes.

2. Descentralizar algumas das iniciativas de RSC da empresa. Dessa maneira, os colaboradores conseguem estar diretamente envolvidos em assuntos que tenham um impacto local. Projetos internacionais e filantropias significativas, que são mais bem-administrados no nível corporativo, podem ser importantes, mas investir em iniciativas locais criará um orgulho profundo entre os colaboradores e terá um grande impacto nas áreas onde você realiza seus negócios.

10

Na direção das melhores empresas para trabalhar

Quando o seu trabalho fala por si só, não interrompa.

HENRY J. KAISER

Na minha opinião, nenhuma organização se concentra mais no papel de cultura corporativa como um habilitador de sucesso comercial, como o Great Place to Work® Institute, empresa que gera os dados e escolhe as empresas para a famosa lista "100 Melhores Empresas para Trabalhar" publicado pela revista *Fortune*. A organização, sediada em São Francisco, é comandada desde 1997 por Amy Lyman e Robert Levering.

Dedico um capítulo para o trabalho do Great Place to Work® Institute porque ele tem, muito visivelmente, transformado as gentilezas em um dos seus padrões de seleção. O Instituto é uma organização respeitada mundialmente, que comemora ruidosamente consideração corporativa, sensibilidade cultural e gentilezas comerciais como componentes fundamentais de sucesso comercial. Uma medida da credibilidade da organização é evidenciada pelo número de empresas que aceitam a sua filosofia e seus critérios de escolha. Essas corporações comprometem tempo e dinheiro consideráveis, e outros recursos, para serem reconhecidas pelo Great Place to Work® Institute, porque elas distinguem valor ao se alinharem com os padrões e o reconhecimento por terem sido selecionadas.

E o que, exatamente, uma empresa tem de fazer para ser considerada na lista das Melhores Empresas para Trabalhar? Se a indicação de uma empresa é aceita, haverá duas atividades de coleta de dados. A primeira envolve uma pesquisa confidencial feita com um grupo de 400 colaboradores da empresa candidata, selecionados aleatoriamente. Conhecido como Trust Index (Índice de Confiança), a pesquisa foi desenvolvida com base na pesquisa original conduzida para as duas edições do livro *100 Best Companies to Work For in America* (As 100 Melhores Empresas para Trabalhar nos Estados Unidos). Os resultados dessa pesquisa são, na verdade, as informações mais significativas utilizadas para determinar se uma empresa está entre as 100 Melhores. O discernimento dos colaboradores, conforme medido pela pesquisa e capturado em seus comentários, contribui com, aproximadamente, dois terços da pontuação geral de uma empresa.

A segunda atividade de coleta de dados envolve a conclusão de um *Culture Audit*© (Auditoria de Cultura), que verifica informações estatísticas sobre políticas e práticas, e solicita experiências em resposta a uma série de perguntas sobre as práticas da empresa e a filosofia por trás delas. O *Culture Audit*© reflete os dados corporativos e um ponto de vista gerencial. Ele oferece evidências dos líderes da organização sobre seus comentários aos colaboradores, acionistas e a comunidade mais ampla. Ele também oferece um ponto de vista comparativo para os dados da pesquisa dos colaboradores. Uma empresa pode apresentar um *Culture Audit*© bastante sólido, relacionando vários programas de benefícios para os colaboradores, e políticas e práticas progressivas, mas ela também pode receber baixos níveis de respostas positivas por parte dos colaboradores no Índice de Confiança. Essa contradição é um grande sinal vermelho na candidatura, porque sinaliza uma desconexão entre as políticas e as experiências reais de trabalho.

Mas, para as empresas que têm sucesso na lista – ou as melhores empresas, se você quiser – a promessa de confiança é cumprida. Algumas vezes, ela é cumprida em grande estilo, mas, mais frequentemente, ela acontece por meio da prática de ações simples, que reforçam a cultura da organização e atendem às expectativas dos colaboradores sobre como eles serão tratados. O Instituto avalia como a promessa é cumprida e combina essa análise com a pesquisa dos colaboradores, para gerar uma pontuação para cada empresa. As 100 empresas com as maiores pontuações são apresentadas na revista *Fortune*.

As empresas na lista das melhores empresas para trabalhar desfrutam de muitos direitos para se orgulharem. Mas elas desfrutam de muito mais. Cada vez mais, as práticas que proporcionam a essas empresas um lugar na lista as ajudam a atrair os melhores talentos e a mantê-los. Para essas empresas, ganhar um lugar na lista é considerado um investimento, não um custo. Aqui estão as 10 melhores empresas para trabalhar nos anos de 2006, 2007 e 2008. Observe que, enquanto há uma superposição considerável de ano para ano, uma empresa que não esteve entre as 10 melhores pode, de repente, se encontrar no primeiro lugar.

10 Melhores Empresas para Trabalhar

	2006	2007	2008
1.	Genentech	Google	Google
2.	Wegmans Food Markets	Genentech	Quicken Loans
3.	Valero Energy	Wegmans Food Markets	Wegmans Food Markets
4.	Griffin Hospital	Container Store	Edward Jones
5.	W.L. Gore & Associates	Whole Foods Market	Genentech
6.	Container Store	Network Appliance	Cisco Systems
7.	Vision Service Plan	S.C. Johnson & Son	Starbucks
8.	J.M. Smucker Company	Boston Consulting Group	Qualcomm
9.	Recreational Equipment (REI)	Methodist Hospital System	Goldman Sachs
10.	S.C. Johnson & Son	W.L. Gore & Associates	Methodist Hospital System

fonte www.greatplacetowork.com

Para mim, no entanto, o objetivo final não é necessariamente ter sucesso na lista ou atingir uma alta pontuação no rigoroso teste do Instituto. A minha opinião é que o objetivo final é uma cultura ética que dá à empresa um melhor foco na conformidade real. Pelo meu raciocínio, uma empresa não conseguirá ter seu nome na lista das "100 Melhores" a menos que seus líderes tenham criado uma cultura de gentilezas no local de trabalho e direcionada aos colaboradores. Em outras palavras, uma empresa começa a fazer a coisa certa tratando as pessoas dentro de seus estabelecimentos com respeito, consideração, e de uma maneira adequada.

O DESAFIO DOS CÉTICOS

Embora seja possível admitir que essas empresas sejam, talvez, "mais éticas" e, provavelmente, locais mais atraentes para os colaboradores trabalharem do que outras, um cético poderá perguntar o que a cultura de gentilezas faz para os investidores. As empresas têm um retorno considerável por seu investimento na cultura? Isto colocado de uma outra maneira: os investidores podem esperar obter uma vantagem por investir em empresas que ganham altas pontuações na pesquisa do Great Place to Work® Institute?

De fato, os investidores obtêm uma vantagem. Ações de empresas públicas na lista das "100 Melhores Empresas para Trabalhar" da revista *Fortune* produziram mais de três vezes os ganhos do mercado durante os últimos sete anos, segundo um estudo divulgado pelo Russell Investment Group e pelo Great Place to Work® Institute. O estudo sugere uma forte ligação entre a cultura no local de trabalho e o desempenho financeiro de um negócio. "Ótimos locais de trabalho têm vantagens competitivas significativas como resultado das relações de alta confiança entre colaboradores e gerentes", diz Amy Lyman. "A confiança pode contribuir para níveis mais altos de cooperação, maior comprometimento, baixa rotatividade de colaboradores, diminuição do tempo de afastamento por doença, e melhoria na assistência ao consumidor. Essas qualidades se traduzem em ganhos financeiros, porque as empresas possuem menor rotatividade voluntária do que suas concorrentes, são capazes de contratar os melhores colaboradores para se adequarem à sua cultura e necessidades, oferecem excelente atendimento aos clientes, e criam produtos e serviços inovadores", acrescenta ela.

CRIANDO ÓTIMOS AMBIENTES DE TRABALHO E ENCONTRANDO OS MELHORES

Criar ambientes que colaboradores descrevem como "um ótimo lugar para trabalhar", e nos quais eles são livres para falar o que pensam, requer a prática regular de gentilezas por parte de todos na organização. Eles também precisam de liderança superior para iniciar o processo, reforçar os esforços durante o caminho, e comunicar os benefícios de longo prazo de criar e sustentar uma cultura organizacional baseada na confiança. Essas práticas vão além dos líderes na chefia, para se tornarem atos comuns entre as pessoas dentro da organização. "É isso o que encontramos nas Melhores Empresas para Trabalhar que estão nas nossas listas – uma profunda expressão da cultura no local de trabalho, nas ações das pessoas dentro da organização", observa Lyman.

A maioria das empresas na lista demonstra generosidade extrema tanto nos bons momentos como nos maus. A Yahoo!, por exemplo, oferece aos colaboradores massagens, cortes de cabelo, atendimento odontológico, lavagens de carros e trocas de óleo subsidiadas no local de trabalho, sem mencionar opções de compra de ações para todos. A Google, conhecida por excessivos benefícios aos colaboradores, opera com ônibus grátis para levar os colaboradores que vivem em São Francisco até a sua sede em Mountain View, 50 quilômetros ao sul. Os ônibus beneficiam os colaboradores e são bons para o meio ambiente, o que está de acordo com o slogan da Google: "Não seja mau". Mas há também um objetivo comercial no que ela faz: os veículos têm acesso sem fio à Internet, de maneira que os passageiros podem trabalhar durante a viagem.

A Google, como muitas outras empresas de alta tecnologia, oferece uma riqueza de serviços aos seus colaboradores. Ela proporciona aos 1.000 colaboradores na sua sede, almoço e jantar gratuitos, preparados por um *chef gourmet*. O jantar é popular entre os jovens engenheiros, que em geral são solteiros e trabalham até tarde da noite. A Google também oferece serviços de lavagem a seco, máquinas de lavar e secadoras para os que desejarem lavar suas roupas durante o período de serviço, aulas de ioga e fitness para manterem a forma, e massagens. Os colaboradores podem também ter o cabelo cortado por cabeleireiros, ao mesmo tempo em que seus carros são lavados por empresas móveis de lavagem de carros que vistam as instalações da companhia no Vale do Silício. Novamente, isso é dar aos colaboradores o que eles querem, eliminando preocupações e distrações e facilitando as coisas para que os colaboradores continuem trabalhando.

Outras formas de generosidade são tão numerosas quanto as empresas pesquisadas. Alguns dos gestos mais comuns têm as seguintes formas:

- opção de compra de ações para colaboradores que trabalham meio período;

- reembolso para despesas com adoção e tratamento para fertilidade;
- reembolso generoso de ensino;
- creche subsidiada.

Embora todos esses benefícios sejam bem-vindos, nem todos se qualificam como gentilezas, dentro da abordagem deste livro. Para esses, nós temos de investigar mais profundamente e, quando o fizermos, começaremos a ver as ligações comuns de gentilezas menores dentro da liderança das organizações vencedoras. Líderes demonstram disposição para repartir o foco das atenções, ausência de arrogância executiva, propensão para dar crédito e dividir a responsabilidade, interesse em surpreender as pessoas realizando as coisas corretamente e, acima de tudo, integridade.

Quando examinamos algumas das empresas com as pontuações mais altas, é muito fácil descobrir os compromissos criativos que elas realizam para o bem-estar cultural. Nós vemos supervisores que não têm medo de arregaçar as mangas e realizar o trabalho de colaboradores comuns; colaboradores – não apenas os chefes – entrevistando candidatos a empregos; fóruns abertos de perguntas e respostas com respostas honestas; abnegação no serviço comunitário; localização de recompensas discricionárias; e muito mais. Essas pequenas gentilezas, e outras como elas, são onipresentes na população dos vencedores das Melhores Empresas para Trabalhar. As pequenas gentilezas são, muitas vezes, casadas com gentilezas maiores que têm uma natureza programática e permanente, mas ainda brotam dos mesmos valores. Vamos olhar mais de perto algumas dessas empresas.

Wegmans Food Markets

Setor de negócios: Cadeia de mercados
Número de colaboradores: 31.800
Propriedade: Privada
Gentileza: Cuidados iguais para com fregueses e colaboradores

A Wegmans Food Markets chegou ao topo da lista do Great Place to Work® Institute. Trata-se de uma cadeia privada de mercado de alimentos, localizada em Rochester, Estado de Nova York, com mais de 70 lojas e 31.800 colaboradores. Ela foi a número dois nas Melhores Empresas para Trabalhar na lista da *Fortune* em 2006, e a número três em 2007. Em uma área de concorrentes, nos quais a diferenciação em excelência cultural prova ser difícil, a Wegmans fez a diferença com suas histórias de gentilezas, grandes e pequenas, culturalmente sensíveis. Eu ouvi tanto sobre a universalidade das gentilezas na Wegmans Food Markets, que quis conhecer a empresa por minha conta. Fui até o seu complexo de lojas de mostruário, onde passei um dia conversando com executivos e colaboradores. Comi no restaurante, explorei o mercado e sentei-me e conversei com os colaboradores.

O presidente, Danny Wegman, muitas vezes declarou que o compromisso da empresa em manter um excelente ambiente para os colaboradores resultava em claros benefícios financeiros, e era uma parte permanente de sua estratégia comercial. Eu, certamente, testemunhei um local de trabalho com colaboradores com muita energia e bem-apessoados, cuidando de detalhes e fregueses. Na Wegmans, os colaboradores são autorizados a oferecer um atendimento maravilhoso e fazer o possível e o impossível para os clientes. Um colaborador compartilhou estas informações sobre uma colega:

> Sally Jones (não é seu nome verdadeiro), em uma de nossas lojas em Buffalo, Estado de Nova York, tinha um freguês regular que estava numa cadeira de rodas. Todas as semanas, o freguês procurava Sally por causa de seu jeito atencioso. Um dia, o freguês chegou acompanhado da esposa, e contou que ele havia sido diagnosticado com o mal de Alzheimer. Ele estava internado em uma casa de repouso e, portanto, não podia mais ir à Wegmans quando quisesse. Sally explicou o quanto ela ficou tocada em conhecer tão bem o seu freguês a ponto de ele confidenciar a ela como a sua vida havia mudado para sempre. Ela soube, pela esposa, que ele planejava ir à loja um dia, para fazer compras com ela. Sally ficou animada ao saber que tudo o que ele sempre pedia para fazer, quando lhe permitiam sair da casa de repouso, era ir à Wegmans. Sally então decidiu iluminar o dia dele, dando-lhe um simpático cartão e uma lata de seus amendoins preferidos, como uma pequena maneira de dizer: "Nós nos preocupamos e pensamos em você". Eu sempre tive muito orgulho da maneira como Sally cuida das pessoas, mas hoje eu realmente

me recordei do porquê de eu ter escolhido a Wegmans como meu local de trabalho.

A Wegmans não pára de cuidar dos seus clientes. Ela tem o firme compromisso de ajudar os colaboradores, também. Algumas vezes, cuidar dos colaboradores significa ajudá-los com suas necessidades fora do trabalho. Essa é uma área difícil, que algumas empresas deixam passar despercebida. Nem tanto na Wegmans. Caso de referência: a Wegmans estabeleceu um fundo chamado de Spirit of Giving (o Espírito de Dar) para ajudar os colaboradores com necessidades em circunstâncias especiais. Recentemente, por exemplo, um gerente de loja da Wegmans escreveu uma carta ao falecido Robert Wegman, depois que o dinheiro do Spirit of Giving ajudou um colaborador na sua loja. Esta é a carta:

> Chegou ao meu conhecimento que uma das nossas colaboradoras estava sem eletricidade em sua casa durante algum tempo. Essa pessoa vive sozinha em um trailer e não tem conseguido pagar suas contas de gás e eletricidade. Se ela não trabalhasse na Wegmans, tenho certeza de que ficaria sem energia durante muito tempo. Ontem à noite, a energia de sua casa foi religada. Hoje pela manhã ela me disse o quanto era bom estar aquecida e, ao acordar, não precisar acender uma vela para enxergar. Sua gratidão está além da minha capacidade de explicar. Eis aqui alguém que você nunca tocou com a sua mão, mas que agora foi tocada com o seu coração. Em nome de (a colaboradora em questão), eu quero dizer "Muito obrigado".

Um outro exemplo de afeição ocorreu em janeiro de 2006. Um colaborador da Wegmans foi diagnosticado com esclerose lateral amiotrópica, também chamada de Doença de Lou Gehrig. Essa é uma doença neuromuscular progressiva que enfraquece e, no final, destrói os neurônios motores (componentes do sistema nervoso que conectam o cérebro com os músculos esqueléticos). Não tem cura.

O colaborador é apaixonado por esportes. Como um presente especial, o escritório corporativo, juntamente com a sua loja, foi capaz de presenteá-lo com uma viagem para as semifinais do campeonato de basquete universitário, NCAA, em Indianápolis, para ele, sua mulher e seus dois filhos. A empresa pagou todas as despesas – as passagens de avião, hotel, aluguel de carro, entradas para os jogos e alimentação. O colaborador também recebeu US$ 1.000 para despesas e a família foi convidada para almoços que contaram com a presença de Dick Vitale e Bill Walton, profissionais ligados ao mundo dos esportes. O colaborador ficou muitíssimo feliz e disse: "Eu me sinto como uma criança no Natal".

Em um artigo em 28 de março de 2006, no *Democrat and Chronicle*, o jornal local de Rochester, o colaborador foi citado, declarando: "Existe um motivo pelo qual a Wegmans foi classificada como a empresa número um nos Estados Unidos para trabalhar. Eles realmente cuidam de seu pessoal. O que eles fizeram realmente me surpreendeu. Para mim, existem a minha igreja, a minha família e as pessoas da Wegmans", disse ele. "É por isso que me sinto tão apaixonado com relação a meus colegas, meu chefe e esta empresa. O que eles fizeram por mim foi uma verdadeira bênção".

Para que você não ache que essa história é a única, considere esta outra. Um colaborador que trabalha em um dos restaurantes da Wegmans foi recentemente diagnosticado com câncer e ficou fora do trabalho por algum tempo. Ele estava passando por tratamento, o que o deixava extremamente fraco. Quando ele ia fazer compras, sempre utilizava os carrinhos motorizados que a Wegmans disponibiliza. Apenas realizar essa pequena tarefa o deixava exausto e, algumas vezes, ele nem conseguia terminar suas compras. Numa das vezes que precisou fazer suas compras, ele ligou para a loja e perguntou se havia alguma maneira de eles colocarem alguns itens juntos, para que ele pudesse pegá-los. Uma gerente de serviços rapidamente se colocou à disposição, voluntariamente, para fazer as compras e entregá-las na casa do colaborador. Quando ela voltou, contou ao gerente da loja que, ao guardar os itens, ela percebeu que o refrigerador e as prateleiras do colaborador estavam quase vazios. Ela ficou bastante desconcertada com isso e perguntou se a loja poderia montar uma cesta com alimentos. Se fosse necessário, ela pagaria pessoalmente por tudo. A cesta foi montada, paga pela loja e levada para o colaborador. Desde então, essa gerente de serviços continuou a fazer as compras para o colega, aprendendo quais tipos de alimentos ele gosta e o que ele pode comer. Essa colaboradora, claramente, exemplifica os valores da Wegmans de "fazer a diferença, ter poder de decisão, respeitar, cuidar e manter o alto padrão". Mas, o mais importante: ela fez a diferença para o colaborador necessitado.

INICIATIVAS VENCEDORAS

Como a Wegmans, todas as empresas que ganharam um lugar na lista das "100 Melhores Empresas para Trabalhar" investem nas suas pessoas e em seu local de trabalho. Aqui estão algumas outras iniciativas que demonstram o papel das gentilezas em criar ambientes de trabalho eficientes e produtivos.

Principal Financial Group

Setor de negócios: Serviços financeiros e seguros
Número de colaboradores: 12.700
Propriedade: Pública
Gentileza: O Grande Mapa de Iniciativas

O Principal Financial Group (PFG) utiliza o Grande Mapa das Iniciativas durante a orientação aos novos colaboradores, para ajudar todos a compreenderem seu papel no sucesso da empresa a partir do primeiro dia no trabalho. Ele também é oferecido aos líderes, para uso com suas equipes.

O Grande Mapa das Iniciativas é um auxílio visual, projetado para dar aos colaboradores uma imagem instantânea daquilo que a empresa está realizando e como isso está sendo feito. O mapa mostra o fluxo das principais iniciativas de que os colaboradores ouvem falar durante o ano, e cobre o objetivo e a missão da organização, as medidas de sucesso usadas pelas diferentes iniciativas, e como os colaboradores contribuem para o sucesso, por meio de seu trabalho e da preservação dos valores da companhia. O mapa dá aos líderes e gerentes uma ferramenta para reforçar a mensagem sobre a importância de cada colaborador em criar e confirmar os negócios e a cultura da empresa. Eu vejo esse mapa como uma gentileza, porque ele demonstra que a administração valoriza o trabalho de cada colaborador como uma peça de um quadro maior.

Genentech

Setor de negócios: Biotecnologia e produtos farmacêuticos

Número de colaboradores: 8.100

Propriedade: Pública

Gentileza: Horário de trabalho e dias de diálogo

A Genentech criou uma cultura que incentiva a curiosidade. Essa cultura é impulsionada por muitos programas e práticas construídas dentro da estrutura das vidas profissionais das pessoas. Além disso, as práticas culturais de questionamento aberto e conversas honestas – sem hierarquia, sem frases de efeito – são refletidas em pequenas práticas e gentilezas culturais, que têm ajudado a colocar a Genentech acima de seus concorrentes.

A Genentech tomou o exemplo da universidade, onde os professores publicam os horários em que estarão disponíveis para os estudantes. Na Genentech, conforme vimos no Capítulo 7, todos os membros da Equipe de Liderança estão disponíveis no "horário de trabalho" uma vez ao mês. As horas de trabalho dão aos colaboradores, em vários departamentos, a oportunidade para valiosas discussões informais, face a face, sobre qualquer tópico. "É uma grande oportunidade para ouvir os colaboradores que não podem marcar uma reunião oficial, mas desejam dar a sua opinião em um projeto, expressar uma preocupação, ou solicitar um breve conselho sobre como administrar um problema. Isso me dá a oportunidade de ouvir o que está na mente das pessoas, que seja valioso ouvir, à medida que nosso departamento cresce e amadurece", diz a Diretora Associada Margaret Pometta.

O horário de trabalho da Equipe de Liderança é parte do programa Dias de Diálogo do departamento, um tipo de "almoce e aprenda", onde os colaboradores têm a oportunidade de almoçar (ou, algumas vezes, tomar o café da manhã) e conversar em pequenos grupos com os líderes da organização. Os Dias de Diálogo acontecem todas as quartas-feiras e têm presença maciça.

Analytical Graphics, Inc.

Setor de negócios: Software para Tecnologia da Informação
Número de colaboradores: 251
Propriedade: Privada
Gentileza: Receber crianças no local de trabalho

A Analytical Graphics, Inc. (AGI) compreende que às vezes os filhos dos colaboradores não conseguem esperar pela hora em que seus pais chegam em casa. Quando isso acontece, as crianças são convidadas a passar o dia com os pais no escritório. Essas visitas ao escritório podem ser para rever o pai ou a mãe, após uma longa viagem a negócios, quando a família precisa estar reunida. As crianças, frequentemente, visitam os pais às sextas-feiras, durante a hora do almoço, em encontros especiais para contar histórias.

Além disso, fechamentos de emergência de escolas, cuidados quando o colaborador estiver doente e mudança no arranjo da creche, que normalmente fazem com que um colaborador fique fora do escritório, não são problemas na AGI. Ela oferece uma variedade de acomodações para as crianças: uma sala privada para assistir a filmes, uma sala com computadores para jogos, e até sentar-se ao lado do pai ou da mãe enquanto trabalham durante o dia. As crianças ganham muitos lanches saudáveis e têm colaboradores da AGI para cuidar delas.

American Speech-Language-Hearing Association

Setor de negócios: Serviços profissionais
Número de colaboradores: 219
Propriedade: Sem fins lucrativos
Gentileza: Reconhecimento eficiente

Na American Speech-Language-Hearing Association, uma organização pequena, porém eficiente, localizada em Rockville, Estado de Maryland, os membros do quadro de colaboradores são incentivados a reconhecer os esforços e realizações especiais de seus colegas.

A política de recompensas e reconhecimento da empresa encoraja as pessoas a terem em mente os princípios a seguir. Esta lista, a propósito, relaciona pequenas gentilezas:

- *Seja específico:* Isso dá poder e impacto ao retorno.
- *Seja individual:* Quando recompensar uma equipe por um trabalho bem-feito, reconheça os esforços individuais que permitiram que a equipe fosse bem-sucedida.
- *Seja pessoal:* Cada um de nós agradece a elogios de uma maneira diferente.
- *Seja conveniente:* Elogie durante o caminho; não espere até o final do ano.
- *Seja proporcional:* Faça com que o tamanho do agradecimento seja proporcional ao projeto ou à tarefa pela qual a pessoa está sendo reconhecida.
- *Seja sincero.*

Banco Popular

Setor de negócios: Serviços financeiros
Número de colaboradores: 11.400
Propriedade: Pública
Gentileza: Programa de bolsa de estudos universitários para colaboradores

Durante o período em que foi presidente do Banco Popular, uma empresa de serviços financeiros, fundada em Porto Rico, em 1893, o CEO Rafael Carrión Jr. reconheceu a importância de oferecer a oportunidade a uma educação universitária aos filhos dos colaboradores. Para tornar esse sonho realidade, "don Papi", como o Sr. Carrión Jr. era conhecido no Banco Popular, criou e, pessoalmente, financiou um fundo educacional de bolsa de estudos para os filhos dos colaboradores do Banco. Atualmente, o fundo é conhecido como Fundo de Bolsas de Estudos Rafael Carrión Jr., e todos os colaboradores de todas as empresas do Popular, em Porto Rico e nos Estados Unidos, são elegíveis a se candidatarem para bolsas de estudos por meio desse programa. Desde a criação do fundo, em 1992, um total de US$ 1.695.100 foi distribuído para 1.171 estudantes.

Bright Horizons Family Solutions

Setor de negócios: Educação e treinamento
Número de colaboradores: 13.600
Propriedade: Pública
Gentileza: Kit de ferramentas HEART

A meta da Bright Horizons Family Solutions é tornar-se a maior pequena empresa do mundo, de acordo com o CEO, David Lissy. A Bright Horizons Family Solutions é a líder mundial no fornecimento de creches financiadas por empregadores, educação inicial e soluções profissionais/pessoais. Localizada em Watertown, Estado de Massachusetts, a empresa desenvolve programas de creches patrocinadas por empregadores e educação inicial, além de ajudar as empresas a implementar estratégias profissionais/pessoais. Guiada por seus princípios HEART (*honesty, excellence, accountability, respect and teamwork*) de honestidade, excelência, responsabilidade final, respeito e trabalho em equipe, a Bright Horizons atrai pessoas que gostam de trabalhar em um ambiente divertido, que comemora as contribuições especiais de cada indivíduo.

O kit de ferramentas HEART (um pacote de materiais de treinamento e comunicação) ajuda os gerentes em cada local a reforçar continuamente a missão, visão e os valores do HEART. Ele os ajuda a reforçar os princípios HEART de uma maneira divertida e interativa. Dar presentes é parte da cultura da Bright Horizons. Pequenos símbolos de agradecimento são dados gratuitamente àqueles que dão muito de si próprios todos os dias. Durante a conferência anual de liderança, pacotes de cartões para anotação são distribuídos a todos os presentes. Esses cartões de anotações, especialmente desenhados, apresentam fotografias com temas de coração na parte da frente, e uma pequena parte dos princípios HEART na parte de trás. Embora os cartões sejam um belo gesto, o que mais me impressiona é a gentileza de dar autonomia aos gerentes das sedes para instilar os valores corporativos e os fortalecer com uma ferramenta especialmente desenhada com esse objetivo. Dar aos gerentes locais uma vantagem inicial nesse processo reconhece o quanto os empregos são ativos atualmente.

11

Cinco CEOs que conseguiram

Não há propriamente história, apenas biografia.

RALPH WALDO EMERSON

A história dos negócios é repleta de exemplos de homens e mulheres influentes. Alguns desses líderes atuaram com propriedade, visão e sacrifício. Outros atuaram com oportunismo, interesse próprio e, até mesmo, criminalmente. Independentemente do estilo de liderança adequado, e independentemente do setor, do tamanho, da localização ou do sucesso da organização, alguém está dando os exemplos de comportamento. As pessoas estão vigiando as coisas pequenas e genuínas que refletem bem nos códigos de conduta, na lista de valores e nas políticas de RH estabelecidas. Nós esperamos ver o alinhamento entre a conduta do líder e os valores declarados da organização, pois isso irá repercutir entre as pessoas. É claro que se elas veem o oposto, se os seguidores percebem incoerência e hipocrisia, isso também irá repercutir entre eles.

É um padrão de pequenas gentilezas que, repetidas com a frequência suficiente, tornam-se um estilo de vida ou, como dizem os sociólogos, "normas de reciprocidade". No mínimo, esses gestos, seja de uma maneira grande ou pequena, irão mudar a cultura corporativa para melhor. Coletivamente, pequenas gentilezas podem se tornar o antídoto para a decadência cultural. Essas são as gentilezas que vão além da RSC e das expressões de inteligência emocional. Mais relacionados à inteligência moral, esses são os atos que desafiam o cinismo dos colaboradores. Essas são as gentilezas que seguem os critérios que descritos no Capítulo 1: prontas para uso, tangíveis, práticas, disponíveis, reproduzíveis e transportáveis, e sustentáveis.

As organizações, exatamente como as civilizações, estendem suas culturas modelando os costumes e comportamentos para as gerações e líderes subsequentes. Isso se chama *tradição*. Os comportamentos se tornam tão fortalecidos e onipresentes, que poucos líderes teriam a coragem de desafiá-los. Eles se tornam parte da estrutura. No final, sua sustentabilidade depende do valor que essas gentilezas demonstram possuir.

Mais frequentemente do que não, a inspiração para essas gentilezas emana de uma pessoa que, por seu caráter, muda o curso da organização para melhor. Este capítulo celebra cinco dessas pessoas.

1. REUBEN MARK, PRESIDENTE E CEO DA COLGATE-PALMOLIVE

Reuben Mark e eu fomos colegas de classe e companheiros de república no Middlebury College. Hoje, mais de 40 anos depois, Reuben é respeitado por ter, pessoalmente, liderado a transformação de uma empresa média de produtos de consumo conservadores, que tinha uma identidade primária a partir de um único produto – creme dental –, em uma companhia de classe mundial, global, com vários produtos.

Na década de 1990, quando o mercado de ações estava balançando, Reuben era um dos poucos CEOs americanos a enfatizar a importância da cultura corporativa na governança responsável. Depois que a diretoria da Colgate foi honrada pela GovernanceMetrics International (apenas 17 das 1.600 empresas estudadas foram reconhecidas), o CEO de uma empresa de pesquisas independente disse: "Depois de quase três anos de histórias de líderes poderosos violando padrões de ética, Mark é exemplo de um CEO fazendo um bom trabalho".

Reuben Mark é um exemplo vivo de que humildade e sensibilidade cultural não são inconsistentes com energia e sucesso organizacional. Sheila Wellington, ex-presidente do grupo de defesa das mulheres Catalyst, lembra-se de encontrá-lo na rua, uma noite, em Manhattan. Ele parecia qualquer coisa, menos um CEO, em seu casaco surrado. "Ele quer que a sua empresa seja a estrela, não ele", diz ela. Historicamente, ele não gosta de aparecer na imprensa. Ele se sente tão confortável com os colaboradores da fábrica da Colgate, como com os analistas da Wall Street. Durante uma viagem, na década de 1990, para as instalações da empresa na Cidade do México, Reuben desarmou colaboradores nervosos brincando em castelhano fluente. Um líder guiado por resultados, ele até recusou uma entrevista para uma publicação que o exaltava como um finalista para o CEO do ano. Ele acredita que é desagradável para uma pessoa ficar com o crédito pelos esforços de toda uma organização. Ric Marshall, analista-chefe da The Corporate Library, uma empresa de pesquisas independente, encara desta maneira: "Mark se destaca exatamente porque ele não se sobressai. É isso que se espera de um CEO: silenciosamente construir valor para os acionistas, sem ostentação. Essas são as pessoas que mantêm o mercado em movimento".

Como vimos no Capítulo 9, o interesse de Reuben Mark em melhorar a educação é lendário. Sob sua direção, a Colgate adotou, na cidade de Nova York, uma escola carente que havia se tornado totalmente disfuncional. A empresa patrocinou a reabilitação da escola, recomendou a escolha da nova administração e ajudou a reestruturar o currículo. Os colaboradores da Colgate sentaram-se com a direção consultiva da escola e ajudaram no gerenciamento, no orçamento e nas operações da escola. "Eu fiquei estupefato em ver como as crianças estavam sendo tratadas – elas mais pareciam parte do mobiliário, armazenadas ali até completarem 16 anos ou largarem a escola", disse Reuben à revista *Chief Executive*. "A coisa mais importante com a qual a Colgate contribuiu não foi dinheiro, mas pessoas. Esse não foi um clássico projeto "adote uma escola", no qual preenchemos um cheque e a escola gasta o valor correspondente. Se eu, como um CEO, não me envolvesse desde o começo, o meu pessoal não teria se sentido livre para usar seu tempo e sua energia no projeto, nem usado o tempo fora da empresa para se envolver".

Depois da faculdade, eu perdi contato com Reuben até a metade da década de 1980, quando descobri que ele havia se tornado CEO. Quando retomamos o contato, perguntei-lhe se ele conseguia identificar o que ele considerava, nele mesmo, como o fator principal do seu sucesso. "Fácil", ele me disse. "Eu tornei uma obrigação, durante meu mandato em vários cargos gerenciais, certificar-me de que nada importante ou criativo na Colgate-Palmolive fosse entendido como uma ideia minha".

No livro de 2004 *The Transparent Leader*, Herb Baum escreveu o seguinte:

> Pouco depois da minha indicação como o novo CEO da Dial, eu recebi um telefonema de Reuben Mark, presidente e CEO da Colgate-Palmolive – um importante concorrente –, enquanto estava de férias em Londres. A Colgate concorre diretamente com a Dial em vários segmentos de mercado e, muitas vezes, está em primeiro lugar. Eu tenho muito respeito pela empresa e sei que Reuben é um CEO extraordinário, com uma excelente reputação. No dia em que me ligou, ele disse que tinha com ele um CD com o plano de marketing da Dial para o ano. O CD fora dado a ele por um membro da sua equipe de vendas (um ex-colaborador da Dial que levara o CD com ele quando saiu para trabalhar na Colgate), e aquilo significava que uma das melhores estratégias da linha de produtos mais importantes da Dial havia sido revelada e poderia resultar em uma perda de receita, lucros e parcela de mercado.
>
> "Herb", disse Reuben, "um dos nossos vendedores deu este CD a um dos meus gerentes de vendas. Eu não vou olhar as informações e vou enviar o CD para você. Farei isso imediatamente".
>
> Foi o caso mais claro de liderança com honra e transparência que eu já testemunhei na minha carreira. Afinal de contas, quem esperaria que um CEO ligasse para seu concorrente e lhe dissesse que tinha uma cópia de sua estratégia comercial detalhada? Se ele não tivesse feito isso, eu nunca saberia, mas uma ligação me deu uma compreensão mais clara de seu caráter do que qualquer outra coisa. Não foi difícil entender o porquê de ele ter tanto sucesso em sua carreira. Ele sabia que não precisava ganhar uma vantagem competitiva injusta para ser bem-sucedido, mesmo tendo sido presenteado com essa oportunidade. Ele escolheu não abandonar seu estilo de liderança, e teve a coragem de aderir aos seus princípios, mesmo quando isso significava desistir de informações confidenciais que poderiam ter ajudado a sua empresa a obter uma vantagem. Transparência precisa de coragem.

2. F. KENNETH IVERSON, CEO DA NUCOR

Da década de 1960 até a de 1990, quando a indústria do aço dos Estados Unidos estava lutando para ser rentável, a Nucor lucrava de maneira consistente. Muito do seu sucesso é atribuído ao falecido Ken Iverson (morto em abril de 2002). Como um jovem criado em um subúrbio de Chicago, Iverson aprendeu a respeitar aqueles que trabalhavam tanto com as suas mãos quanto com suas cabeças. Engenheiro formado em Cornell, Iverson conseguiu seu mestrado em metalurgia na Purdue University.

Ken Iverson começou na Nucor (anteriormente Nuclear Corporation of America) em 1962. Ela era malcontrolada e não-lucrativa, e tinha uma história medíocre. A transformação que ele realizou na Nucor não se limitou ao resultado de práticas inovadoras e corajosas de recursos humanos. A rotatividade de colaboradores girava em torno de 1 a 5% ao ano, comparada aos 25% típicos em outras empresas de aço. Quando a demanda caiu, ao invés de demitir colaboradores, a Nucor diminuiu a sua semana de trabalho.

Como fez Reuben Mark, Ken Iverson também creditou aos seus colaboradores a maioria das melhorias na produtividade. Colaboradores de todos os níveis, não apenas do gerencial, participavam do sistema de incentivos. Ele eliminou todos os símbolos de condição contraproducente comumente encontrados em outras empresas de aço. Ele acabou com as vagas demarcadas e os carros da empresa. Todos os executivos da Nucor tinham de comer no refeitório da empresa junto com os demais colaboradores. Durante seus 30 anos de mandato, a sede corporativa consistia em um conjunto de escritórios alugado no mesmo prédio que a Nucor ocupava em 1966.

Os executivos da Nucor não recebiam benefícios, a não ser aqueles aos quais os demais colaboradores também tinham direito. Nas viagens de negócios, todos voavam na classe econômica. Qualquer colaborador que tivesse um problema com um gerente, poderia levar a reclamação diretamente para Iverson. Iverson também atendia seu telefone, respondia às perguntas dos colaboradores durante 24 horas e, conforme já observado no Capítulo 9, insistia para que todos os colaboradores fossem mencionados na capa do relatório anual, em ordem alfabética.

Algumas vezes, a sua determinação para eliminar as diferenças entre a gerência e os demais colaboradores foi longe demais. Quando se tornou CEO, ele desafiou a tradição de capacetes de cores diferentes, que haviam se tornado um símbolo de status e ampliado a divisão entre as áreas funcionais. Sua visão de liderança se originou da crença de que a autoridade das pessoas não vinha da cor do capacete que elas usavam. Ele insistiu para que a partir de então todos os capacetes fossem verdes.

O resultado dessa decisão teve consequências imprevistas. Por ter sido imposta de cima para baixo, a decisão contradizia outro de seus valores: o envolvimento dos colaboradores. Era essencial para os colaboradores, por exemplo, distinguir rapidamente entre o pessoal de operações e os trabalhadores da manutenção. Em uma emergência, é preciso identificar os trabalhadores da manutenção imediatamente. Então, Iverson admitiu seu erro e mudou a política. Atualmente, todos usam capacetes verdes, exceto o pessoal da manutenção, que usa os amarelos, e os visitantes, que usam os brancos.

Iverson acreditava em minimizar os níveis administrativos gerenciais, tratar as pessoas igualmente, transformar todos em tomadores de decisão e encorajar a inovação. Ele acreditava que os colaboradores, e não os gerentes, eram os motores do progresso. Para Iverson, um gerente existe apenas "para ajudar as pessoas que gerencia a realizar coisas extraordinárias". Ele foi um dos primeiros a defender a ideia de oferecer aos colaboradores uma parte do negócio, e um dos primeiros a propor dar poder de decisão aos colaboradores. Ele permitia que seus gerentes de divisão decidissem "onde deveria ser o local exato do poder de tomada de decisões".

O contrato de Iverson com os colaboradores era baseado em quatro princípios bem claros, relacionados a seguir.

1. A administração é obrigada a gerenciar a empresa de tal maneira que os colaboradores tenham a oportunidade de ser remunerados de acordo com sua produtividade.
2. Os colaboradores deverão se sentir confiantes de que, se realizarem seu trabalho adequadamente, terão emprego amanhã.
3. Os colaboradores têm o direito de ser tratados com justiça e devem acreditar que serão.

4. Os colaboradores deverão ter uma via de acesso para recorrer quando acreditarem que estão sendo tratados injustamente.

Iverson era surpreendentemente acessível, e não apenas para os colaboradores. Chip Joyce era um estudante de faculdade em 1991. Seu professor de história sempre se referia à liderança corporativa de Iverson. Então, em um impulso, Chip foi até a sede da Nucor, em Charlotte, na Carolina do Norte. A recepcionista o recebeu calorosamente e deu a ele alguns folhetos. Ela percebeu que o estudante queria algo mais; então disse: "Você gostaria de se encontrar com Ken? Espere..." Um minuto depois, ele estava no escritório de Iverson. Deixo que Joyce termine a história:

> O Sr. Iverson era um homem robusto, que exalava confiança e capacidade. Ele usava um terno bastante batido, mas ele poderia facilmente estar vestido com um macacão e capacete. Ele tinha uns sessenta e poucos anos, evidenciados por suas rugas, mas contraditos por sua clara força física e energia de alguém de trinta. O mais impressionante, no entanto, eram seus olhos azuis; eram olhos de um homem que se sentia confortável no universo – é assim que eu melhor consigo descrevê-lo.

3. DOUGLAS R. CONANT, CEO DA CAMPBELL SOUP COMPANY

Com um outro modelo de gestão despretensioso, Doug Conant deixou uma marca bem clara entre as histórias de sucesso na vida corporativa.

Após se formar em marketing, a carreira de Conant incluiu indicações bem-sucedidas na Parker Brothers, fabricante do jogo "Monopoly" (Banco Imobiliário). Quando a General Mills decidiu vender seu negócio de brinquedos e jogos, seu cargo foi simplesmente extinto e ele foi informado de que deveria deixar seu escritório até a hora do almoço. No seu emprego seguinte, na Nabisco Food Company, ele ganhou a reputação de um habilidoso negociante, ao reabilitar marcas desgastadas pelo tempo, ajudando a recuperar a fatia de mercado para as nozes da Planter e os doces da Lifesavers.

Apesar de sua condição icônica, a Campbell Soup passou por dificuldades na década de 1990, com as vendas enfraquecidas e intensa concorrência. Alguns analistas previam que a empresa, que havia se mantido completamente independente durante 140 anos, poderia se tornar uma candidata a ser adquirida. Conant chegou à Campbell Soup em 2001. Seus primeiros passos foram inovar o desenvolvimento de produtos e revitalizar as vendas apresentando uma linha de sopas que fosse atraente aos consumidores contemporâneos, sempre ativos. No processo, ele levantou o ânimo dos colaboradores, melhorou a qualidade das fábricas, dos produtos e da imagem, que estavam desgastados, e adquiriu várias marcas de sopas em pó europeias. A imprensa executiva questionava se o "executivo de modos moderados" teria as qualidades necessárias para ser o "revolucionário" que precisava ser, para fazer com que a Campbell mudasse de atitude.

Mesmo sendo um executivo retraído em uma época em que os CEOs celebridades estavam em voga, Conant tinha talento. Jim Collins, autor de *Good to Great*, acredita que grandes executivos são, aparentemente, diferentes geneticamente. Eles são humildes e não acham que a ética nos negócios é uma contradição em si. Richard Cavanagh, presidente e CEO da Conference Board, chama os líderes como Conant de executivos "nível cinco". "Suas ambições não são para si próprios, mas para as instituições às quais eles servem".

Em uma apresentação Conant se caracterizou como "uma pessoa introvertida que não consegue jogar golfe". Para seu crédito, como um jovem executivo, parecido com Reuben Mark, ele era acessível a todos, assumia tarefas humildes e se empenhava em conhecer o trabalho a partir da perspectiva dos colaboradores. Ele, abertamente, deixava que todos soubessem que tinha um personal coach e declarava insistentemente que tinha a grande sorte de estar rodeado por uma equipe cheia de especialistas, referindo-se aos seus colegas. Ele mantinha encontros causais no refeitório para relatar sobre o desempenho da Campbell. Esses encontros se expandiram e passaram a incluir colaboradores de outras localidades, fora dos Estados Unidos, por meio de teleconferências.

Tendo aprendido o poder do "muito obrigado" durante sua procura por emprego pós-Parker, Conant regularmente escrevia bilhetes de agradecimento em até 24 horas após uma entrevista de emprego. Ele continua escrevendo bilhetes – milhares por ano – desde então. Conant incentiva seu pessoal a informá-lo das realizações e promoções, bem como das perdas pessoais, doenças e pequenas gentilezas. Na Nabisco, Conant escrevia de 5 a 10 bilhetes pessoais, *todos os dias*, para os colaboradores e outros, reconhecendo essas experiências. Atualmente, nos escritórios da Campbell pelo mundo, é comum ver bilhetes do CEO emoldurados nas paredes das baias e dos escritórios. Isso está relacionado com "o calor e o interesse naturais de Doug pelas pessoas", diz Mitch Wienick, um técnico de executivos da Pensilvânia. "Os bilhetes são uma outra maneira de alcançar alguém, embora não fisicamente, mas de fisicamente tocar alguém".

4. HERB BAUM, EX-CEO DA THE DIAL CORPORATION

Durante seus anos na Hasbro, Quaker State Corporation e na The Dial Corporation, Herb Baum deixou sua marca não apenas como um CEO de progresso, mas também como um líder que, com sucesso, revitalizou culturas corporativas. Um defensor apaixonado da integridade e da gentileza, e um reconhecido laureado da transparência no ambiente corporativo, Baum foi o líder certo na hora certa para a Dial. Os últimos dias dos mandatos de seus predecessores, John Teets e Malcolm Jozoff, não impressionaram. Em ambos os casos, as vendas estavam diminuindo, as estimativas de ganhos malogravam e os colaboradores descreviam o clima na empresa como menos que motivador. A liderança da empresa era, de longe, mais opaca que transparente em suas negociações fora e dentro do empreendimento. Mesmo a diretoria era mantida no escuro com relação às nuvens da tempestade que se desenvolvia.

A diretoria, enfim, agiu em agosto de 2000. Jozoff demitiu-se e Herb Baum foi colocado na direção. Até o momento da sua venda para a empresa alemã Beiersdorf AG, em 2003, os dias sombrios da Dial haviam se tornado uma lembrança distante. Crescimento das vendas, margens mais altas e um balanço financeiro melhorado estavam entre as realizações durante o mandato de Herb. Seu compromisso com a responsabilidade corporativa e o serviço comunitário tornou-se parte da estrutura cultural na empresa.

Herb Baum era um incansável defensor da abertura e da acessibilidade. Em seu livro *The Transparent Leader*, diz: "A estrada para a transparência é, por si só, aberta – não é um engarrafamento com políticas corporativas... Eu enfatizo a acessibilidade física real como uma ferramenta para desenvolver a nossa cultura".

Uma maneira pela qual ele se tornou acessível, foi por meio de um programa chamado "Hotdogs with Herb" (Cachorros-quentes com Herb). Ele o descreve como "um almoço casual e divertido, onde eu consigo passar um tempo de qualidade com um pequeno grupo de colaboradores... Isso permite que eles me conheçam e me dá a oportunidade de conhecê-los e escutar suas preocupações ou feedbacks... Nós sempre comemos cachorros-quentes – meu prato preferido... É algo pequeno, mas dá aos colaboradores a oportunidade de compreenderem como eu penso... Não há uma pauta; nós apenas nos sentamos e conversamos sobre coisas, desde amenidades do escritório, nossos produtos e até onde é o melhor lugar na cidade para se comer uma pizza! É também excelente para a cultura corporativa, porque é comunicação real, com os pés no chão, contínua e me ajuda a distinguir o fato da ficção. Se houver um boato, ele pode ser encerrado imediatamente, antes que tenha a oportunidade de infectar a empresa. As pessoas podem me pedir qualquer coisa que elas queiram durante as sessões dos "Hotdogs com Herb", e terão uma resposta direta. Nós resolvemos problemas, mudamos políticas e nos conhecemos e, no processo, eu trabalho para ser um líder bom e acessível, um amigo e, esperançosamente, até mesmo um mentor".

5. HERB KELLEHER, PRESIDENTE E CEO DA SOUTHWEST AIRLINES

Ao comentar o livro *Nuts!*, de 1996, a história da Southwest Airlines por Jackie e Kevin Freiberg, o guru de liderança Warren Bennis, refere-se à história da Southwest como "um plano para todas as organizações que desejam ter sucesso – não apenas empresas de transportes aéreos". A famosa professora de Harvard e autora Rosabeth Moss Kanter refere-se à história como: "um conto inspirador de excelentes resultados possíveis, quando os colaboradores estão liberados para se encarregarem das regras e se divertirem no trabalho... Ele oferece lições valiosas sobre liderança e lucratividade para todos os que se preocupam com o futuro de suas empresas".

Os Freiberg caracterizam Kelleher como um pioneiro em dar poder de decisão aos colaboradores, como "sempre o primeiro a dar aos colaboradores da Southwest o crédito pelo tremendo sucesso da empresa. As histórias de abordagem pé-no-chão, energia ilimitada, igualitarismo, modéstia e gentileza de Kelleher são inúmeras". Os resultados comerciais da arrojada empresa de transportes aéreos são constantemente lucrativos desde 1973. A Southwest Airlines, pela maioria das medidas, superou todo o setor.

Embora o legado de Kelleher seja o de divertimento, comemorações e um comportamento quase que contrário às normas estabelecidas, isso em nada se compara ao seu instinto por gentilezas. Entre seus mandamentos há este: "Seja humilde: o sucesso quase nunca vem do que você faz e é raramente irreversível". O departamento de RH da Southwest é chamado de "Departamento das Pessoas". O mantra da empresa é: "Trate todos bem e com o mesmo respeito; nunca se sabe com quem você está falando". Ela também publica um boletim corporativo chamado *Luv Lines*.

A filosofia de Kelleher é: "falhar não é fatal". A Southwest faz tudo o que pode para manter a dignidade e o respeito pelos colaboradores que cometem erros. Ele sentiu que os custos de um erro ocasional são insignificantes se comparados aos benefícios de as pessoas se sentirem livres para assumirem riscos e serem criativas.

Kelleher acredita que "a cultura é um dos bens mais preciosos que uma empresa tem, então você deve trabalhar mais nela do que em qualquer outra coisa". Em qualquer organização, a cultura é a manifestação presente do passado: os desafios, os sucessos, os erros e as lições aprendidas. A cultura se torna a memória da organização; ela guia e oferece um sentido de dignidade, estabilidade e limites organizacionais. Os componentes centrais incluem família, diversão, amor, individualidade, igualitarismo e altruísmo". Ele acredita que "os colaboradores são o número um. A maneira como você trata seus colaboradores é a maneira como eles irão tratar seus clientes".

As expressões de gentileza de Kelleher vão da intimidade pessoal (quando ele era presidente, um colaborador não poderia ter um nascimento ou uma morte na família sem que ele soubesse) ao exagero. Muitas pessoas ainda se lembram do show de queda de braço entre Kelleher e o CEO da Stevens Aviation, em 1992. Tanto a Stevens quanto a Southwest haviam reivindicado o direito exclusivo de usar a expressão "Plane Smart" em seus anúncios publicitários. Em vez de processarem um ao outro, e deixar que a questão se arrastasse nos tribunais, Kelleher sugeriu ao concorrente uma competição de braço-de-ferro, cujo vencedor manteria os direitos de usar o slogan. E Kelleher é advogado! Ele perdeu a batalha, mas ganhou a guerra. O evento gerou tanta boa vontade e tamanha publicidade para ambas as empresas, que a Stevens permitiu que a Southwest continuasse a usar o slogan.

Kelleher criou um "comitê de cultura" para homenagear os "heróis não-glorificados" da Southwest – pessoas nos bastidores em cargos menos glamourosos. Todos os anos, uma delas é escolhida para ser o "Hero of the Heart" (Herói do Coração) por seus esforços em prestar apoio aos planos da Southwest. O pessoal da manutenção é reconhecido e celebrado por meio do programa "Top of the Wrench" (Melhores da Chave-Inglesa) para recompensar os esforços dos mecânicos que poderiam, por sua vez, passar despercebidos. E para reconhecer os esforços do pessoal da limpeza, a empresa iniciou o programa "Top Cleaner" (O Melhor Faxineiro). Em *Nuts!* a filosofia da Southwest é resumida como uma combinação de gentilezas, como:

- Diga "muito obrigado" com frequência.
- Sempre reconheça as pessoas verdadeiramente.
- Transforme os colaboradores que glorificam os valores da sua empresa em heróis e heroínas.
- Encontre as pessoas que trabalham nos bastidores e reconheça suas contribuições.

Típico do fio condutor de gentilezas que passa pela Southwest, os Freiberg relatam uma época, muitos anos atrás, em que Colleen Barrett, então no cargo de diretora de recursos humanos, percebeu que uma colaboradora antiga parecia, de uma hora para outra, estar tendo problemas e sendo alvo de reclamações. Quando confrontada, a colaboradora começou a chorar e descreveu seu difícil divórcio, uma batalha pela custódia do filho de três anos e uma dívida de US$ 1.800 de gastos com advogados. Depois de consolar a colaboradora, Barrett entregou-lhe um envelope com US$ 1.800, em dinheiro, de sua própria conta corrente. A colaboradora ficou emocionada e continua a contribuir com a empresa, desempenhando papéis que sempre se expandem. (Colleen Barrett é atualmente a presidente da empresa, um sinal do quanto a cultura da Southwest Airlines valoriza esse tipo de liderança).

Kelleher inspirou a empresa a criar o programa "Home for the Holidays" (Em Casa para as Festas de Fim de Ano). Em todas as festas de fim de ano, a empresa doa passagens aéreas para idosos, de maneira que eles possam voar para casa e visitar seus parentes. Somente em 1996, a Southwest colocou 850 pessoas nos aviões para visitarem seus parentes durante a promoção "Home for the Holidays". Milhares de pessoas tiveram essa oportunidade durante esses anos, e por duas vezes a Southwest foi mencionada pelo Presidente dos Estados Unidos por esse programa. Quanto à transparência, a empresa acredita que quanto mais os colaboradores sabem, mais eles se importam. A liderança é conhecida por saturar as pessoas com informações.

Frequentemente citada como um modelo de liderança colaborativa, a Southwest Airlines acredita que, quando as pessoas estão comprometidas, elas estão emocional ou intelectualmente determinadas a um objetivo. "Pessoas complacentes simplesmente seguem os movimentos e os encaixam em seu tempo; elas não têm ligação emocional ou espiritual com a causa que seu trabalho representa. O compromisso não vem com o cargo e não pode ser comprado. O compromisso deve ser ganho", observa Freiberg.

12

Agora é sua vez: colocando pequenas gentilezas em prática

Nós devemos confiar em nós mesmos para sermos excelentes e bons, e mesmo se, algumas vezes, essa confiança for mal-empregada, muito mais frequentemente ela terá mérito, pois há algo dentro de nós que clama por um mundo melhor e mais justo.

CHARLES HANDY, *THE HUNGRY SPIRIT*

Quando você tem um pai psiquiatra e uma esposa psicóloga, nada lhe parece linear. As coisas, para mim, não tinham simplesmente um começo, um meio e um fim. Eu rapidamente troquei o caminho principal por estradas laterais, atalhos que são tudo menos atalhos, e becos sem saída que levam a novos começos. A maioria das disciplinas e funções nos negócios existem, para mim, em três dimensões.

Caso em questão: para mim, o processo de vendas não é simplesmente um processo linear de prospectar, apresentar e fechar. O que mais amo é o estilo excêntrico mostrado por grandes vendedores. Eu sou fascinado por eles. Embora membros essenciais da equipe, é frequentemente frustrante gerenciá-los. Mas, se sua excentricidade é eficiente, como você recruta isso?

A excentricidade permeia as pessoas criativas e inovadoras em todas as organizações. Não por acaso o Vale do Silício está localizado na Califórnia, o estado com, talvez, o mais alto limiar para excentricidade.

Eu me preocupo com a excentricidade, não porque descobri respostas ou o DNA essencial para ela, mas porque passei a acreditar que gerenciar talentos excêntricos e acompanhar uma cultura, para ser tolerante com essas pessoas potencialmente produtivas ou criativas, irá pagar dividendos. Criar um lugar para a excentricidade é um elemento importante de boa liderança... liderança apropriada.

A liderança eficiente tem, também, de conseguir um lugar para a ética. A ética, como a excentricidade, não se encaixa facilmente em belas embalagens. Para mim, sempre houve mais para a conformidade do que para programas repetitivos, promulgados por normas federais. Enquanto nós aprendemos a caminhar com a nossa Sarbanes-Oxley, também temos de viver dentro de culturas corporativas que são, às vezes, confusas e nem sempre cristalinas. Ao mesmo tempo, precisamos viver uma cultura que seja suficientemente capacitadora para reconciliar o autoritarismo jurídico pós-Enron com as virtudes de uma cultura corporativa saudável: não-ameaçadora, aberta, motivadora e flexível. Flexível o suficiente para não tolerar a excentricidade, mas valorizá-la.

Muitas organizações distinguem as pequenas gentilezas como excentricidades de grandes realizadores. Exatamente como vendedores apresentam excelentes resultados em campo, as pequenas gentilezas apresentam grandes benefícios para a organização. Um objetivo importante deste livro é sugerir que pequenas gentilezas não são apenas um instrumento na formação da cultura corporativa, mas são valiosas em si e para si, para seu próprio interesse. Esse ponto de vista é ainda suficientemente excêntrico para muitas culturas corporativas temerem aceitá-lo por inteiro.

Espero ter sido persuasivo ao afirmar que a gentileza, como um imperativo cultural, produzirá benefícios de curto e longo prazos. Ainda assim, sou realista o suficiente para reconhecer que alguns na comunidade dos negócios desejarão calcular o retorno de investimento dessa abordagem para guiar uma cultura corporativa. Você sabe: "Mostre-me o dinheiro!"

Sugiro que as pequenas gentilezas não podem ser avaliadas como os outros investimentos. Por definição, as pequenas gentilezas não impõem custos significativos sobre a organização. Elas são essencialmente livres e, geralmente, não utilizam muito tempo fora de outras atividades. Sob tais circunstâncias, a ideia de calcular um RSI (retorno sobre o investimento) para pequenas gentilezas simplesmente não é computável.

Poucas organizações, entretanto, irão traçar linhas claras entre gentilezas pequenas, médias e grandes. A pergunta que surge se refere a todos os tipos de gentilezas consideradas em conjunto. Serei honesto. Não existem estudos específicos sobre a recuperação de investimento em gentilezas como um todo; existem resultados misturados com o problema da recuperação do investimento para gentilezas maiores: algumas empresas computam um retorno sobre as iniciativas, outras não. Na minha opinião, a melhor indicação que temos quanto ao valor monetário da gentileza são as estatísticas reunidas pelo Great Place to Work® Institute, que reforçam a conexão entre culturas apropriadas e principais resultados financeiros de longo prazo.

Trabalhar com o Instituto me mostrou que a alavanca para os resultados financeiros será o impacto das gentilezas sobre o compromisso do colaborador. Nossas preocupações agora se voltaram para a falta de talentos e o desafio de mantermos nossos melhores realizadores comprometidos e produtivos. As estimativas sobre o custo da rotatividade de colaboradores variam amplamente, mas os custos diretos são apenas a ponta do iceberg. Os custos indiretos em nosso ambiente de trabalho e nossas culturas organizacionais são ainda mais difíceis de digerir. Na minha opinião, o que impulsiona o desafio de comprometimento por parte dos colaboradores é a dinâmica que consome energia do "entra/sai", "contrata/demite", "vá, por favor / fique, por favor" dos últimos 25 anos.

Estou convencido de que os colaboradores no mundo todo desejam fazer um trabalho que realmente importe em uma cultura que ofereça significado. Eles querem um trabalho que seja menos transacional, mais transformacional e, ocasionalmente, inspirador. Eles querem que seus empregos sustentem idealismo, intimidade e profundidade suficientes, de maneira que possam agir sobre suas visões de criarem um mundo melhor para suas famílias e comunidades.

Theresa M. Welbourne, CEO da eePulse, Inc., diz: "Simplesmente valorizar colaboradores não é o suficiente". Sua pesquisa mostrou que há um precioso equilíbrio entre valorizar as pessoas e criar um sentido excelente de urgência, que inspira os colaboradores a trabalharem na direção das metas da organização. Desde 1996, Welbourne coletou dados de organizações em todo o mundo. Ela se concentra no nível de energia dos colaboradores. Seu trabalho mostra que a energia dos colaboradores prediz medidas comerciais importantes, como rotatividade, absenteísmo, atendimento a clientes, produtividade e muito mais. "Como pesquisadora da área de RH, eu, muitas vezes, comecei examinando o quanto os programas de RH motivam os desempenhos individual e organizacional. Porém, o que encontrei nos estudos da energia foi que comportamentos pequenos e diários podem ter o maior impacto nos resultados de motivação", diz ela.

"Quando as empresas se comprometem com as pequenas gentilezas que afetam positivamente a disposição dos colaboradores, o resultado é que eles se comprometem com gentilezas parecidas", acrescenta. "Eles se ajudam, vêm com novas ideias e as implementam, trabalham em equipe, mesmo se isso os afasta de suas tarefas mais importantes, e ajudam suas empresas fazendo coisas que são boas para ela, mas não são parte de suas atividades diárias".

A defesa em torno da humildade, da civilidade, do respeito, da cultura ética e, nas palavras da futurista Patricia Aburdene, do "capitalismo consciente" aumentou e se sustentou bastante. Eu saí acreditando piamente que o papel da gentileza no enriquecimento de uma cultura corporativa está bem pouco relacionada com brandura, submissão ou indecisão. Ela pode ser terapêutica, mas não é uma terapia. Ela também não é um impedimento para a competitividade ou a sobrevivência comercial.

Como sempre, tudo acaba na liderança. "Uma tarefa importante para um chefe é esclarecer para todos que uma melhor forma de liderança está acontecendo", diz o meu colega Bob Lee. A liderança precisa ser tangível e visível. Sensibilidade moral, pequenas decisões, "muito-obrigados" e "ois" são os gestos que importam diariamente, pois não são manipulações. O compromisso com a gentileza cultural não alivia todos os aspectos do estresse e do desequilíbrio da vida profissional. Ele pode, porém, ser um catalisador para abrandar os aspectos mais destrutivos do nosso dinamismo comercial. A opção de administrar por meio de comando e controle está sempre presente, mas eu argumento que é exatamente a boa vontade construída pelas gentilezas que permite que o líder aprove as decisões difíceis que as empresas precisam tomar para sobreviverem em tempos difíceis.

Importantes opiniões sugerem que o negócio não consegue bancar os "extras", como as gentilezas nos momentos difíceis. "Negócios são um esporte competitivo para jogadores fortes. Aqueles que jogam bonito muitas vezes ficam para trás", diz Don Manvel, presidente e CEO da AVL North America, repetindo uma crença comum entre muitos CEOs. "Nos tempos difíceis, você simplesmente não consegue fazer prisioneiros", diz Manvel.

Não podemos culpar os CEOs por qualquer resistência às gentilezas, porque muitas culturas corporativas ainda são ambivalentes a esse respeito. E se, todos os dias, vemos executivos com ataques de falta de gentileza, reconhecemos o seu comportamento como uma dimensão da humanidade. Ao mesmo tempo, é nossa obrigação rejeitar a noção de que as gentilezas podem ser boas mas que são um luxo e facilmente descartáveis quando precisamos "apertar o cinto". A disposição em ser gentil no trabalho não pode depender de os negócios estarem bons ou não, nem de estarmos de bom humor ou não, nem de outra condição qualquer. As gentilezas não custam nada, até que nos esforçamos em trazê-las à vida por meio de ações concretas, sob qualquer condição.

O mundo está lutando para sair de um período sombrio e difícil na economia, caracterizado por escândalos contábeis em Wall Street e fraudes envolvendo CEOs. Vimos a face dos negócios na sua pior fase, e ela não é nada bonita. Vemos problemas parecidos nos governos, em grupos religiosos, e naqueles sem fins lucrativos. É hora de redescobrir o poder das organizações no que elas têm de melhor.

Esse é o objetivo por trás do *Manual de Gentilezas do Executivo*. As pequenas gentilezas são, realmente, o início para a construção de grandes organizações. Elas começam com atos individuais, realizados por pessoas que tomam uma decisão consciente sobre como vão se comportar.

Você é uma dessas pessoas? Você irá me acompanhar nesta missão de estender as pequenas gentilezas pelo mundo profissional? Vai me ajudar a construir uma comunidade que fala sobre gentilezas e lutar para que uma pequena gentileza se manifeste em diferentes regiões do mundo e em diferentes tipos de organizações? Nós lançamos um site (www.bookofdecencies.com)

para celebrar as pequenas gentilezas. Por favor, acesse-o e dê sua opinião. Ou, melhor ainda, mostre os exemplos de pequenas gentilezas que ajudaram a fortalecer a sua cultura corporativa. Lá você também irá encontrar materiais interessantes que, por uma questão de espaço, não foram incluídos no livro, links para sites relacionados ao tema e outros recursos.

Espero também que você espalhe a mensagem das pequenas gentilezas. Faça com que seus amigos, colegas de trabalho e outros profissionais conheçam esta ideia simples. Você estará ajudando a transformar as organizações em lugares melhores para realizar a vocação da sua vida. Como resultado, nós mostraremos ao mundo que as gentilezas podem muito bem ser a forma mais forte de responsabilidade social corporativa.

Como disse Alan Kay, o visionário designer de computadores, "a melhor maneira de se prever o futuro é inventá-lo". Vamos inventar um futuro melhor juntos, utilizando as pequenas gentilezas onde quer que estejamos. Se você é como os líderes mais bem-sucedidos, provavelmente deve parte de seu sucesso ao fato de ter agido com respeito. Se você é como as pessoas mais centradas e ocupadas, provavelmente pode fazer mais.

Referências

Capítulo 1

21. As organizações têm uma percepção sobre elas... Charles Handy, The Hungry Spirit: Beyond Capitalism – A Quest for Purpose in the Modern World (Nova York: Broadway Books, 1999), 150.

21. Enquanto eu entro em uma empresa pela primeira vez... John Cowan, Small Decencies; Reflections and Meditations on Being Human at Work (Nova York: Harper Business, 1992), 17-18.

22. Pense nos seus filhos ou em quem você gosta... Ibid, 162

22. Nós não vamos mudar o que está errado com a nossa cultura... O texto completo dos comentários iniciais de Ted Koppel pode ser encontrado em http://news-service.stanford.edu/news/1998/june17/koppel98.html.

23. Nós nos encontramos relacionando uma palavra que reflete comportamentos específicos... O filósofo holandês Erasmo (1466-1536) utilizou a palavra gentileza pela primeira vez no seu significado moderno de civilidade; gentileza, não como um imperativo moral, mas como uma obrigação de ser respeitoso com os outros.

30. Imagine um prédio com algumas janelas quebradas... Malcolm Gladwell, The Tipping Point: How Little Things Can Make a Big Difference (Boston: Back Bay Books, 2002), 113.

Capítulo 2

41. Liderança trata de valores, não da lei... Dov Seidman, Ordem do Dia de Audiência Públicas e Testemunho por Escrito, Comissão Americana de Sentenciamento, Thurgood Marshall Federal Judiciary Building, Washington, D.C., 17 de março de 2004.

41. Embora a SEC possa implementar regras... Cynthia Glassman, Delegada e Presidente da SEC, Stress Importance of Ethical Culture, Federal Ethics Report, volume 10, número 4, publicado em abril de 2003 pelo CCH Washington Service Bureau.

43. Algumas vezes, são os menores atos... Joseph L. Badaracco Jr., "A Lesson for the Times: Learning from Quiet Leaders", Ivey Management Services, jan./fev. de 2003, 4.

45. Criando um Novo Contrato de Trabalho... David Noer, "Creating a New Employment Contract", Noer Consulting, Greensboro, NC. Usado com permissão.

47. Não é uma questão de relaxamento, de estar no controle de direção... Robert B. Reich, The Future of Success: Working and Living in the New Economy (Nova York: Vantage Books, 2002), 222.

48. Onde vou encontrar a força interna... Harold Kushner, Living a Life That Matters (Nova York: Anchor Books, 2002), 76.

Capítulo 3

53. [Líderes potenciais] têm a relação adequada... Jim Collins, Good to Great: Why Some Companies Make the Leap... and Others Don't (Nova York: HarperCollins, 2001), 89.

54. Coragem é sobre fazer escolhas difíceis... Jim Kouzes e Barry Posner, A Leader's Legacy (Nova York: Jossey-Bass, 2006), 139.

54. Tom Peters acredita que líderes devem criar novos mundos... Tom Peters, Thriving on Chaos: Handbook for a Management Revolution, Edição Reimpressa (Nova York: Harper Paperbacks, 1988), 216.

55. Um fator essencial na liderança... Warren Bennis e Burt Nanus, Leaders: Strategies for Taking Charge (Nova York: Collins Business Essentials, 2003), 14.

55. Os líderes de hoje têm de se preocupar com o mundo de amanhã... Kouzes e Posner, A Leader's Legacy, 100.

55. "Quando eu terminar..." A resistência pessoal de Henry Ford contra a colaboração durante a maior parte de sua carreira não diminui a força da sua visão.

56 Resumidamente, um fator essencial na liderança... Bennis e Nanus, Leaders, 98.

56. Por que um garoto da cidade... Kevin Cashman, Leadership from the Inside Out (Nova York: TCLG, 1998), 67.

57. O terceiro teste é uma disposição para comprometer-se... Este teste de integridade de três partes é necessário se vamos evitar um paradoxo. Se a integridade é meramente

alinhar a ação de um com os seus valores, então Adolph Hitler e Joseph Stalin tinham integridade. Afinal de contas, ambos agiram baseados em suas profundas crenças. Onde suas integridades falharam foi na falta de disposição de articularem seus objetivos (ambos insistiam em manter sigilo), e eles certamente não estavam dispostos a iniciar um diálogo sobre o assunto.

58. A minha decisão de contar aos colaboradores nunca esteve em dúvida... Amy Lyman, "Building Trust in the Workplace", Great Place to Work® Institute. Disponível em http://resources.greatplacetowork.com/article/pdf/building_trust_in_the_workplace.pdf.

59. Eu estou preparado para renunciar ao controle... Reinhard K. Sprenger, Trust: The Best Way to Manage (Londres: Cyan Communications, 2004), 63.

59. Se você não confia, então o que fazer?... Kouzes e Posner, A Leader's Legacy, 75.

60. Se as ideias são meramente proclamadas... Tom Peters, Thriving on Chaos, 211.

61. Um padrão vale por mil reuniões... Dale Dauten, The Gifted Boss (Nova York: William Morrow, 1999), 34.

61. Eu estava visitando uma empresa de varejo... Scott Cawood e Rita Bailey, Destination Profit (Mountain View, CA: Davies-Black Publishing, 2006), 14.

63. Como as pessoas são tratadas cada vez mais determina... Ibid., 13.

63. É a liderança que busca dar forma... Terrence E. Deal e Allan A. Kennedy, The New Corporate Cultures: Revitalizing the Workplace after Downsizing, Mergers, and Reengineering (Nova York: Perseus Books, 2000), 37.

64. Em "Uma receita de cola", ele relaciona... David Noer, Breaking Free: A Prescription for Personal and Organizational Change (Nova York: Jossey-Bass, 1996), 9. Usado com permissão.

64. Uma receita de cola... Ibid.

Capítulo 4

83. Eu quero que vocês utilizem seus 15 minutos extras... Patricia Sellars, "How I Manage", Fortune, 16 de outubro de 2006.

Capítulo 5

87. Eles se preocuparam muito mais... Cawood e Bailey, Destination Profit, 15.

87. A guerra de talentos terminou... "The Search for Talent", The Economist, 7 – 13 de outubro de 2006, 4.

89. Os colaboradores que recebem esse reconhecimento... Donna Deeprose, How to Recognize and Reward Employees (Nova York: American Management Association, 1994), vii.

89. ASAP Cube... Bob Nelson e Dean Spitzer, The 1001 Rewards & Recognition Fieldbook: The Complete Guide (Nova York: Workman Publishing, 2002).

92. Peggy Noonan, que escrevia discursos para o ex-presidente Ronald Reagan... Peggy Noonan, What I Learned in the Revolution: A Political Life in the Reagan Era (Nova York: Random House, 2003), 67.

98. Life's Little Instruction Book... H. Jackson Brown Jr., Life's Little Instruction Book (Nova York: Rutledge Hill Press, 1997).

Capítulo 6

106. Este é o quinto dos... Stephen Covey, The Seven Habits of Highly Successful People (Nova York: Free Press, 2004). Ver Habit 5, 235-260.

Capítulo 7

112. A Bethlehem Steel, uma gigante do aço, estava perdendo mercado... John Strohmeyer, Crisis in Bethlehem: Big Steel's Struggle to Survive (Pittsburgh: University of Pittsburgh Press, 1994), 218.

113. Imagine construir três campos de golfe... Ken Iverson, Plain Talk: Lessons from a Business Maverick (Nova York: Wiley & Sons, 1998), 55.

122. Vários fatores, como a natureza do pedido de desculpas... Jennifer K. Robbennolt, "Apologies and Legal Settlement; An Empirical Examination", Michigan Law Review, vol. 102, n. 460, 2003.

129. Uma organização com problemas consegue se abrir... Robert E. Hardy e Randy Schwartz, The Self-Defeating Organization: How Smart Companies Can Stop Outsmarting Themselves (Nova York: Addison-Wesley, 1996), 170.

130. Houve momentos naquele dia... Joseph Nocera, A Piece of the Action: How the Middle Class Joined the Money Class (Nova York: Touchstone Press, 1995), 312.

134. Em 28 de outubro de 1987... Ibid.

Capítulo 8

134. No Japão, por exemplo, estima-se que... O Japão possui uma das mais altas taxas de suicídio do mundo. O número de pessoas que se suicidaram em 2005 subiu, em relação ao ano anterior, em 227 pessoas, para 32.552, de acordo com os números do Departamento de Polícia Nacional. Veja "Overwork Pushed Japan Software Worker to Suicide", de Martyn Williams, IDG News Service, 12 de julho de 2006.

135. Nunca está acabado... Noer, Healing the Wounds: Overcoming the Trauma of Layoffs and Revitalizing Downsized Organizations (San Francisco: Jossey-Bass, 1993), 109.

136 Barnholt compreendeu que a campanha de redução... Daniel Roth, "How to Cut Pay, Lay Off 8,000 People, and Still Have Workers Who Love You. It's Easy: Just Follow the Agilent Way", Fortune, 4 de fevereiro de 2002.

138. Estamos realizando uma notificação de redução de mão-de-obra... "RadioShack fires 400 employees by e-mail", BusinessWeek, 30 de agosto de 2006.

143. Essa palavra reconhece que uma mente... Cawood e Bailey, Destination Profit, 198.

Capítulo 9

161. Não há evidência de que empresas... David Vogel, The Market for Virtue: The Potential and Limits of Corporate Social Responsibility (Washington, D.C: Brookings Institution Press, 2005), 58.

162. As corporações não apenas têm cidadãos... Handy, The Hungry Spirit, 157.

163. Em poucos meses, o absenteísmo tinha caído... Ibid., 162.

Capítulo 10

168. Ótimos locais de trabalho têm vantagens competitivas significativas... Os analistas da Russel compararam o desempenho de uma carteira de valores de ações, baseado na lista "100 Best" ("Os 100 Melhores") com o desempenho do Russel 3000 Indez (representando o principal do mercado de capitais dos EUA) e o S&P 500 (representando investimentos do mercado de capitalização de grandes empresas). O estudo descobriu que a carteira de valores de ações da "100 Best", ajustada anualmente para refletir as mudanças na lista entre 1998 e 2004, ofereceu um retorno cumulativo de 176%, comparado com ganhos menores de 42% para o Russel 3000 e 39% para o S&P 500. Um investimento inicial de US$ 1.000 em 1º de janeiro de 1998, em empresas de capital aberto na carteira de valores de ações da "100 Best", reajustados anualmente, valorizaram para US$ 2.760,04, contra US$ 1.415,62 para o Russel 3000 e US$ 1.387,70 para o S&P 500, até 31 de dezembro de 2004.

169. É isso o que encontramos nas Melhores Empresas... Amy Lyman em uma entrevista para o autor.

173. Existe um motivo pelo qual a Wegmans foi classificada... Scott Ptioniak, "Wegmans Treats Employee, Family to a Final Four Dream", Democrat and Chronicle, 28 de março de 2006, B1.

Capítulo 11

181. Mark se destaca exatamente porque... "Colgate's Mark: Teaching Corporate Citizenship", CBS MarketWatch, 18 de setembro de 2003.

181. Eu fiquei estupefato em ver como as crianças... "Finding What Really Works in Education", Chief Executive, maio de 1994, 48.

182. Pouco depois da minha indicação... Herb Baum e Tammy King, The Transparent Leader: How to Build a Great Company through Straight Talk, Openness, and Accountability (Nova York: Collins, 2004), 31.

184. Para ajudar as pessoas que você gerencia a realizar... Tom Brown, "The Art of Keeping Management Simple", Management Update, Harvard Business School Publishing, maio de 1998.

184. A administração é obrigada a gerenciar... Ken Iverson, Plain Talk: Lessons from a Business Maverick (Nova York: Wiley & Sons, 1998), 21. O Nucor's Commitment to Employees (Compromisso da Nucor com os Colaboradores) também pode ser encontrado no site da Nucor: www.nucor.com/aboutus.htm.

185. O Sr. Iverson era um homem robusto... Chip Joyce, "Ken Iverson: Proof That Ayn Rand's Heroes Exist", Capitalism Magazine, abril de 2002.

186. Suas ambições não são para si próprios... Daniel Cattau, "Souper CEO: Doug Conant, Campbell Soup's Top Executive, Is Heating Up Sales with His Insightful and Reflective Leadership", Northwestern Magazine, primavera de 2005.

187. Isso está relacionado com o calor e o interesse naturais de Doug... Ibid.

187. Até o momento da sua venda... A Dial foi adquirida pela Henken HGaA em 2004.

188. Hotdogs with Herb... Baum e Kling, The Transparent Leader.

188. Um conto inspirador de excelentes resultados... Jackie e Kevin Freiberg, NUTS! Southwest Airlines' Crazy Recipe for Business and Personal Success (Nova York: Bard Press, 1996).

189. Os colaboradores são o número um... Ibid.

191. Pessoas complacentes simplesmente seguem os movimentos... Ibid.

Capítulo 12

196. Quando as empresas se comprometem com as pequenas gentilezas... Entrevista com Theresa M. Welbourne, Detroit, Michigan, junho de 2006.

197. Nos tempos difíceis... Don Manvel e outros, "The Nice Guy", Harvard Business Review, outubro de 2006, 30.

Índice

A

B

C

D

E

F

G

H

I

J

N

O

P

Q

R

S